Error: Beziehungsfehler

Markus Liebich

Bibliografische Information der Deutschen Nationalbibliothek: Die Deutsche Nationalbibliothek verzeichnet diese Publikation in der Deutschen Nationalbibliografie; detaillierte bibliografische Daten sind im Internet über dnb.dnb.de abrufbar.

ISBN: 978-3-7519-9344-9

Inhaltsverzeichnis

Vorwort

Haben Sie sich schon mal gefragt, ob es die perfekte Beziehung gibt? Ich bin mir sicher, denn das hat vermutlich jeder.

Die entscheidende Frage ist jedoch, wie perfekt definiert wird. Bedeutet perfekt für Sie, dass Sie überhaupt nichts machen müssen und Ihr Partner Ihnen jeden Wunsch von den Lippen liest? Oder bedeutet perfekt, dass Sie und Ihr Partner sich gegenseitig ergänzen?

Bedeutet perfekt, dass Sie alle Freiheiten haben, die Sie brauchen, und dennoch eine erfüllende Partnerschaft führen können, oder sind Sie der Meinung, dass so etwas nicht möglich ist und Streitereien zu einer normalen Beziehung gehören?

Lieber Leser, dieses kleine Buch ist kein weiterer von tausenden Ratgebern, wie Sie Ihren perfekten Partner finden. Es ist keine weitere Anleitung, wie Sie Frauen oder Männer erobern, wie Sie Schritt für Schritt bei einem Date vorgehen oder worauf es allgemein bei Beziehungen ankommt!

Dieses Buch soll vielmehr Denkimpulse auslösen. Es soll Sie sensibilisieren für potentielle Partner, von denen Sie besser die Finger lassen. Es soll Ihnen klar vor Augen führen, wann die Investition von Zeit und Geld (letztendlich geht es nunmal auch darum) Sinn macht und wann nicht. Und vor allen Dingen: Es soll Sie unterhalten!

In diesem Buch möchte ich auf möglichst unterhaltsame und kurzweilige Weise in Form von Kurzgeschichten auf die typischen Probleme eingehen, die Partnersuchende aus meiner Sicht haben. Ich will klassische Klischeesprüche und Verhaltensmuster ansprechen - und für Sie entlarven - denen ich selbst in meinem Leben und generell beim Thema Partnersuche oft begegnet bin. Dabei geht es nicht nur um meine Suche, sondern insbesondere auch um jene von Freunden oder Bekannten.

In diesem Buch wurden die Namen geändert. Bei den Geschichten handelt es sich jedoch fast ausschließlich um Dinge, die echt passiert sind. Zudem sind die Verteilungen der Rollen und Geschlechter willkürlich.

In mehreren der Geschichten mag es Ihnen so vorkommen, als hätten sie die Frau in ihren Handlungen im Fokus. Dies liegt ausschließlich daran, dass ich als Mann mehr Kontakte zu anderen Männern hatte, die mir ihre Geschichten erzählt haben.

Die verteilten Rollen sind aber von den Geschlechtern unabhängig und übertragbar auf das andere Geschlecht. Sie sagen weder Geschlechtsspezifisches noch über meine persönliche Meinung zu Mann und Frau im Allgemeinen etwas aus.

In diesem Sinne wünsche ich Ihnen gute Unterhaltung und viel Spaß!

Error 1: Es ist kompliziert

Donnerstag Abend, 18:00 Uhr. Thomas machte sich im Bad fertig. Endlich, dachte er sich. Endlich mal wieder ein Tinder-Date. Die letzten 4 Frauen, denen er einen Superlike gegeben hatte, hatten nicht einmal geantwortet.

Ja, ich weiß schon, es ist Tinder, dachte Thomas. Es hatte eben den Ruf, dass es sich dabei nur um schnelle Sex-Dates drehte. Aber Thomas hatte auch schon von vielen Geschichten gehört, bei denen sich über eine Dating-App Paare fürs Leben gefunden hatten, also wollte er selbst das auch nicht ausschließen.

Thomas rasierte sich vor dem Spiegel und achtete dabei sorgfältig darauf, dass keine einzelnen Barthaare übersehen wurden. Er wollte gut aussehen, gepflegt. Ein wenig Parfüm konnte auch nicht schaden, dezent aufgetragen. Und da wären noch die Fingernägel. Frauen achten auf sowas. Da durfte nichts dreckig sein oder so. Ob er sich auch schon im Intimbereich rasieren sollte?

Thomas hielt kurz inne. Eigentlich hielt er ja nichts vom Sex beim ersten Date. Aber vielleicht zur Sicherheit, falls doch irgendetwas passierte? Er verwarf den Gedanken und ließ es bei den Stoppeln, die sich dort seit einer Woche gebildet hatten.

Thomas fühlte sich alles in allem selbstsicher. Er hatte ja schon einige dieser Dates gehabt, und das auch nicht selten mit Erfolg. Wobei mit "Erfolg" in diesem Fall natürlich das "ins Bett kriegen" gemeint war. Denn eine richtige Beziehung, die mal etwas länger dauerte, hatte Thomas noch nicht gefunden. Dabei war genau das eigentlich sein Wunsch.

Er wollte eine Frau, mit der er auch mal ein Fußballspiel anschauen oder einfach über irgendwelchen Unsinn reden konnte. Auf einem Feld herumliegen und die Wolken am Himmel zählen oder so.

Thomas betrachtete sich nochmal im Spiegel. Da passt alles, dachte er. Jetzt noch in die Klamotten, dann musste er auch schon langsam los. Sie trafen sich in der Barracuda-Bar um 19:00 Uhr. Es war ihr Vorschlag gewesen. Sie kenne die Bar schon seit langem und die hätten ja so gute Cocktails.

Thomas hatte ohne zu widersprechen zugesagt. Eigentlich war es ihm auch völlig egal, Hauptsache er konnte diese Theresa treffen. Sie sah schon sehr scharf auf dem Tinder-Profilbild aus.

Thomas holte sein Handy raus, um auf die Uhr zu schauen. Noch genug Zeit. Er öffnete Instagram und ging noch einmal auf Theresas Profil. Das hatte sie ihm beim ersten Chat in Tinder schon gezeigt. Sie sieht wirklich gut aus, dachte er sich. Sie hatte schon auch einige dieser Bilder, bei denen Frauen sich von ihrer Schokoladenseite zeigen. Man könnte auch "Tittenbild" sagen, dachte Thomas, wenn er so länger überlegte. Auf einem Bild war Theresa nur im BH zu sehen und lächelt von schräg unten in ihr Handy, das sie zum Selfie-machen mit ihrer linken Hand in die Luft hielt.

Mega heiß, dachte Thomas. Aber gleichzeitig hatte es einen merkwürdigen Beigeschmack für ihn, den er nicht so recht deuten konnte.

4 Kommentare.

Thomas klickte auf die Kommentare und las neben "Wow siehst du hot aus!" von "Rene Tierchen" und "Total sexy! Ich hab dich so lieb süße!" von "Martina Lullaby" einen weiteren Kommentar, der ihm ins Auge stach: "Du Schlampe, zieh dich doch gleich ganz nackt aus!".

Thomas hielt kurz inne, um dann die Antwort auf den Kommentar zu öffnen.

Eine gewisse "Luzie Fer" hatte geantwortet: "Spar dir deine negativen Kommentare! Lass Theresa in Ruhe. Sie zeigt sich eben gerne und ihren tollen Körper. Du bist eben nur neidisch!".

Thomas starrte noch einen kurzen Moment auf das Handy und betätigte dann den Standby-Knopf.

"Sie zeigt sich eben gerne…", murmelte er und begab sich in den Flur seiner kleinen 2-Zimmer-Wohnung, um sich die Schuhe anzuziehen.

Thomas saß an einem kleinen Holztisch für vier Personen in einer gemütlichen Ecke. Die Bar sah eigentlich ganz gemütlich aus. Viele Bilder an den Wänden und Gegenstände, die das Ganze etwas weniger klinisch wirken ließen. Soll ich einfach schon etwas bestellen, oder kommt das blöd? Bevor er sich die Frage beantworten konnte, sah er Theresa zur Tür hereinspazieren.

"Hi!", stieß sie langgezogen aus. Allerdings war es an den Barkeeper gerichtet. Thomas selbst schien sie noch gar nicht gesehen zu haben.

Der Barkeeper lächelte zurück und warf ihr einen langen Blick zu.

Vielleicht kennt sie den schon, dachte Thomas schnell, aber sein Fokus war sowieso voll und ganz auf Theresa gerichtet. Sie sah noch besser aus als auf den Bildern. Und sie wirkte sehr selbstbewusst. Fast ein wenig zu selbstbewusst. Fast schon egozentrisch.

Sie weiß, dass sie gut aussieht. Sie weiß, dass sie gesehen wird. Und sie braucht es.

Thomas wischte den plötzlich aufkommenden negativen Eindruck rasch beiseite - sie hatte ihn gesehen.

"Hey!", rief sie noch einmal langgezogen und lächelte ihn an. Sie rannte zu ihm herüber. "Du bist Thomas, oder?"

"Hallo! Ich…"

"Ich bin die Theresa, freut mich!"

Bevor Thomas richtig antworten konnte, umarmte Theresa ihn. Dabei spürte Thomas ihre Brüste. Er musste an das Bild im BH denken und den Kommentar "Du Schlampe, zieh dich doch gleich ganz nackt aus!"

Nur nicht unsicher werden. Nichts anmerken lassen, dachte Thomas und zeigte sich selbstbewusst. "Da bist du ja endlich. Ich warte ja schon ewig. Also... so 4 Minuten." Er grinste.

Theresa ging auf den flachen Witz ein.

"Hey, nun übertreib nicht." Sie lachte kurz, wurde aber dann ernst. "Du - lass uns mal den Tisch wechseln ja? Das hier ist ja ein Tisch für vier Personen. Lass uns den Zweiertisch vorne nehmen."

Thomas öffnete den Mund, aber bevor er antworten konnte, nahm Theresa ihre Handtasche, die sie kurz auf einem Stuhl abgestellt hatte und bewegte sich an Thomas vorbei zu einem der Tische zentral in der Bar.

Thomas folgte ihr, auch wenn er den anderen Tisch besser fand.

"Na, dann sag mal, wie lange wohnst du schon hier?" Theresa lächelte und nahm einen Schluck aus dem Strohhalm ihres Cocktails, der mit elf Euro in Thomas' Augen völlig überteuert war.

Abgesehen davon hatte Thomas doch mittlerweile einen ganz guten Eindruck bekommen. Das Eis war durchbrochen und die ersten Worte waren gewechselt worden. Theresa schien ihm nicht abgeneigt zu sein, denn sie mustert ihn ständig und lächelt un-unterbrochen, während sie so an ihrem Strohhalm lutschte.

"Vier Jahre", antwortet Thomas und nahm sich eine Erdnuss aus der Schale. "Naja, viereinhalb um genau zu sein. Wobei ich die Stadt ein wenig überfüllt finde."

Theresas Lächeln verschwand. "Wieso überfüllt?"

Thomas lächelte verlegen. "Ich meine, es sind einfach sehr viele Menschen. Verkehrslärm, Hektik,... manchmal wünschte ich mir halt einfach mehr Ruhe."

"Pah, du Langweiler!", stieß Theresa überspitzt aus und lachte. "Menschen sind doch toll. Da hat man Action, da ist was los, man fühlt sich nicht allein. Ich sag nur: Die City - The place to be!"

Wieder lächelte Thomas verlegen. "Ja, ich weiß was du meinst, aber…"

"Na, dann erzähl mal!", überfuhr ihn Theresa. "Wie-viele hattest du schon?"

Thomas' verlegenes Lächeln gefror. Er machte eine längere Pause, bevor er antworten wollte.

Theresa kam ihm zuvor.

"Nun schau nicht gleich so verdutzt." Sie verdrehte die Augen nach oben, blickte ihn wieder an und lächelte. "Das hier ist ein Tinder-Date, lass uns mal Klartext reden". Sie wird plötzlich ernster und Thomas merkte, dass sie genau auf die eine Sache hinaus wollte, die Thomas gerade dachte.

"Wenn ich mal so zähle...", fing er schließlich an und blickt nachdenklich zur Seite. Einfach locker bleiben, dachte er.

Bevor er antworten konnte, wurde Thomas schon wieder unterbrochen.

"Was suchst du denn genau. Ich meine, willst du das, was die meisten bei einem Tinder-Date erwarten, oder suchst du mehr?"

Vorsicht, dachte Thomas. Die Antwort konnte entscheidend sein, abhängig davon, ob Theresa wirklich nur eine "Schnelle Nummer" suchte oder etwas Ernsteres. Wenn Thomas nun antwortete, dass er sich nichts erwartete außer ein wenig Spaß, konnte es - sofern Theresa eine ernste Beziehung suchen würde - ein Fettnäpfchen sein. Andererseits dachte Thomas, dass sie vielleicht genau das Gegenteil suchte, so wie sie sich gerade gab. Die Antwort, dass er etwas Ernstes suchen würde, konnte sie abschrecken.

Doch wozu eigentlich kalkulieren? Wozu dieses mentale Schachspiel? Thomas wollte doch etwas Ernsteres. Er atmete tief durch und nahm einen ernsten Gesichtsausdruck an. "Ehrlich gesagt suche ich schon was Ernstes." Er lächelte kurz. "Aber auf langfristige Sicht halt", fügte er schnell hinzu. "Erst einmal muss man ja sowieso schauen, wie man sich so versteht, und sich nicht gleich festlegen. Die Zeit zeigt es!"

Redete er da selbst eigentlich, dachte Thomas, oder waren es Phrasen, die er aufgrund seiner bisherigen Erfahrungen, aufgrund von Kumpels, aufgrund von Verhalten seiner Bekannten und aufgrund von Erzählungen automatisiert hatte? Eigentlich stimmte das doch alles überhaupt nicht. Eigentlich wollte Thomas eine feste Beziehung. Eigentlich wollte er sich festlegen. Wenn alles passte und man sich gut verstand, wieso denn eigentlich nicht?

Thomas blickte auf den Tisch, als hätte er etwas Schlimmes gesagt. Schließlich blickte er wieder auf, um Theresas Reaktion zu sehen.

Sie sah nach unten und schlürfte am Strohhalm ihres Cocktails. Sie wirkte relativ gleichgültig.

"Klar", sagte sie. "Genau so ist es, die Zeit zeigt es ja dann."

Thomas konnte damit nichts anfangen. War sie enttäuscht, da sie eine schnelle Tinder-Nummer erwartet hatte? Hatte er seine Chance, sie ins Bett zu kriegen - was er ja irgendwie auch wollte - verspielt?

Aber was wollte er jetzt eigentlich genau, fragte sich Thomas in diesem Moment. Sie ins Bett kriegen oder eine langfristige Beziehung? Ich kapiere selbst nichts mehr, dachte er.

"Bist du denn Single?", fragte Theresa plötzlich und blickte auf.

"N...Natürlich...", stotterte Thomas verdutzt.

Für ihn war es klar, da sie sich doch per Tinder verabredet und schon über alles mögliche gechattet hatten.

"Du?", fragte er schließlich.

"Es ist...kompliziert". Theresa verzog den Mund und spielte an ihrem Strohhalm herum. Ihr Blick wanderte auf dem Tisch herum, in der Nähe der Erdnussschale.

Thomas wurde zum ersten Mal am Abend ein wenig ungeduldiger. "Was denn jetzt, bist du nicht Single?"

"Doch schon, aber...Mein Ex-Freund... " Theresa machte eine kurze Pause und blickte hinter Thomas, als würde sie jemanden suchen. Dann blickte sie Thomas wieder an.

"Also, es ist so." Sie schob ihren Cocktail ein Stück von sich fort.

"Mein Exfreund und ich… also, wir haben uns vor kurzem getrennt. Und dann ist da noch Patrick."

"Patrick?" Thomas zog die Augenbrauen nach oben. Er kratzte sich kurz am Kopf. Es war eher eine Geste.

"Ja." Theresa klang geschlagen. "Also. Patrick habe ich vor zwei Monaten kennengelernt. Er hat mich an der Bartheke angesprochen."

Thomas verlor die Geduld. "Bist du fremdgegangen?", gab er von sich.

"Nein! Wofür hältst du mich…" Theresa wirkte zum ersten Mal ein wenig entrüstet, wurde aber schnell wieder freundlicher. "Nein, das nicht, aber...Es lief eben schon sehr schlecht in meiner Beziehung. Schon seit längerem. Und dann war da halt plötzlich Patrick. Und er war so freundlich und wir haben uns näher kennengelernt. Ich habe nichts gemacht, wirklich! Aber irgendwann hat mein Ex das dann halt doch mitbekommen und war stinksauer. Also, dass ich mit dem schreibe und so. Das Ganze ist dann eskaliert und er hat mit mir Schluss gemacht."

Einen kurzen Moment wirkte Theresa sehr traurig und starrte auf den Boden. Schnell fasste sie sich jedoch wieder und redete weiter.

"Naja, dann bin ich halt mit Patrick ins Bett. Aber mein Ex schreibt jetzt wieder mit mir und…" Theresa blickte auf und sah Thomas an, der ihr bisher stumm zugehört hatte. Ohne dass von ihm eine bedeutende Reaktion kam, verzog sie das Gesicht.

"Hey! Ich weiß, wie sich das anhört. Und tut mir voll leid, dass ich dich da jetzt auch noch mit reinziehe aber...Ich bin einfach komplett durcheinander."

Sie machte eine kurze Pause und seufzte.

"Ich weiß schon, ich bin scheiße. Und das beim ersten Date mit dir. Super! Das habe ich wieder toll hinbekommen." Sie verdrehte die Augen.

Thomas versuchte, seine Gedanken zu ordnen. Er war einerseits ein wenig verwirrt, andererseits auch ein wenig genervt, was er mit der ganzen Sache zu tun hatte.

"Naja, ich frage mich schon, was ich hier dann soll", grummelte er schließlich. "Da ist Patrick, dann ist da dein Ex-Freund. Und wieso triffst du dann mich auch noch?"

Theresa versuchte mitleiderregend zu wirken, das konnte man ihr ansehen. "Tut mir leid", sagte sie nochmal. "Du warst mir eben sofort sympathisch. Schon auf deinem süßen Bild." Sie versuchte sich in einem Lächeln.

Dann wurde sie wieder ernster. "Vielleicht wollte ich einfach ausbrechen aus diesem Mist." Sie schüttelte den Kopf. "Ich hatte vielleicht gehofft, jemanden zu treffen, der komplett anders ist. Eigentlich will ich das alles nicht. Und Patrick ist eigentlich auch ein Idiot, weil er jetzt voll ausgetickt ist, weil ich wieder mit meinem Ex geschrieben habe. Ich meine - hallo - wir waren fast ein Jahr zusammen und haben uns gerade getrennt. Natürlich schreib ich jetzt noch mit dem."

Theresa blickte auf und nahm sanft Thomas' Hand. "Sorry, wenn ich dich damit schon belaste!" Sie lächelte. "Du bist mir wirklich sympathisch. Ich würde mich schon sehr freuen, wenn wir uns näher kennenlernen. Und dass du nicht nur 'ne schnelle Bettnummer willst, spricht auch für dich."

Thomas fühlte sich ein wenig geschmeichelt. Theresas Hand fühlte sich so weich an. Und sie roch gut, wie er gerade so feststellte. Irgendwie hätte er schon auch Lust, sie noch öfter zu sehen. Aber was war mit dem Müll von ihrem Ex-Freund und Patrick? Thomas schob es erstmal beiseite.

"Ok, lass uns das Thema wechseln. Diese Erdnüsse schmecken echt scheiße." Er lachte.

Theresa fiel mit ein. "Kennst du diese Erdnüsse mit dem Überzug, die so lecker schmecken?"

"Ja genau, Click-Clacks, oder wie die heißen." Thomas schmunzelte.

"Genau die!" Theresa strahlte wieder.

Und so nahm der Abend seinen weiteren Lauf. Thomas und Theresa blieben insgesamt drei Stunden in der Barracuda-Bar und verbrachten noch einen angenehmen Abend.

Schließlich verabschiedete sich Theresa vor der Bar. Sie gab Thomas einen flüchtigen Kuss, aber immerhin schon auf den Mund.

Thomas grinste siegessicher. Das war doch nicht so schlecht, dachte er. Dann fiel ihm die "Es ist kompliziert"-Geschichte ein. Kurz gefror sein Lächeln. Doch er war zu gut gelaunt, um weiter darüber nachzudenken. Angetrunken und mit einem Hauch Verliebtheit begab sich Thomas in die U-Bahn und auf den Weg nach Hause.

Die Tage verstrichen und Thomas schrieb regelmäßig mit Theresa. Er fand sie zunehmend sympathischer und die Geschichte in der Bar geriet in Vergessenheit.

Nach eineinhalb Wochen und zwei weiteren Treffen in einem Pub begleitete Theresa Thomas in seine Wohnung und sie schliefen miteinander.

Thomas war sehr zufrieden. Nicht nur, dass er endlich mal wieder eine Frau bei sich zuhause hatte. Er war auch sehr zuversichtlich. Auch wenn Theresa eine etwas egozentrisch wirkende Art hatte, so war sie doch interessiert, teilte Gewohnheiten mit Thomas und war ein guter Gesprächspartner. Thomas glaubte, dass es vielleicht etwas werden könnte.

Drei Wochen und acht mal Sex später rief Thomas Theresa an. Sie ging nicht ans Handy. Der Anrufbeantworter schaltete sich ein.

"Hey, was ist denn los? Alles gut bei dir? Wollte nur fragen, ob du heute abend nochmal Zeit hast. Das am Wochenende war super. Ich brauche mehr!" Thomas lachte bedeutend. "Wir könnten davor ins Kino gehen oder so. Oder was essen. Worauf du Lust hast. Bis dann!"

Thomas legte auf und starrte das Handy an.

Komisch, was war denn mit ihr, dachte er. Hab ich irgendwas falsch gemacht?

Er öffnet Whatsapp und schaute den Chatverlauf mit Theresa an.

"Schlaf gut, meine Sexbombe!" war die letzte Nachricht, die er nachts um 23:34 noch verschickt hatte. Zwei grüne Haken, keine Antwort mehr.

Eigentlich passte doch alles.

Ach egal, dachte Thomas. Erstmal ruhig bleiben. Nur weil sie gerade nicht nach 10 Minuten antwortete wie sonst immer musste das ja nichts heißen.

Der Tag verging. Thomas lernte für die Uni. Zwischendurch konnte er nicht anders und schaute ständig auf sein Handy in den Chatverlauf.

Zuletzt online: 11:21.

Mittlerweile war es 16:48, nachmittags.

Thomas fing an, doch ein wenig unruhig zu werden, weil es einfach untypisch für Theresa war.

Während sich Thomas noch eine weitere Stunde den Kopf zerbrach und sich nicht auf das Lernen konzentrieren konnte, klingelte plötzlich das Handy.

Theresa war dran.

Thomas hob schnell ab.

"Hey du! Dickes fettes Sorry, dass ich mich jetzt erst melde, aber ich war den ganzen Tag unterwegs."

"Hey, da bist du ja endlich", sagte Thomas erleichtert. "Kein Problem.", fügte er hinzu, obwohl er sich sehr wohl Gedanken gemacht hatte und sich fragte, wieso man, selbst wenn man den ganzen Tag unterwegs war, nicht mal Zeit für eine kurze Whatsapp-Nachricht hatte, die in 4 Sekunden getippt war. "Was hast du denn gemacht? Ich lerne grad für die Uni, das nervt."

"Oh ok, ich wollte dich nicht stören, wir können auch wann anders reden!", kam es aus dem Telefon.

Thomas war irritiert "Nein, nein! Ist schon ok. Tut gut deine Stimme zu hören. Ein paar Tage ohne dich und schon habe ich dich ein wenig vermisst!" Thomas versuchte locker zu klingen und lachte.

Theresa lachte gezwungen am anderen Ende. "Ja... du ich hab jetzt auch nur kurz Zeit, ich treffe danach noch eine Freundin."

Thomas fiel auf, dass sie seine Frage, wo sie denn überhaupt gewesen sei, gar nicht beantwortet hatte, und überlegte, ob es komisch wirkte, wenn er nochmal fragte. Er wollte ja schließlich auch nicht so wirken, als würde er sie kontrollieren wollen.

"Ok, ja, kein Problem", antwortete er stattdessen. "Was macht ihr denn Schönes?"

"Ach,...einfach Mädelsabend." Theresa lachte künstlich. "Also machs gut, ja? Bis dann!"

Bevor Thomas antworten konnte, hatte sie aufgelegt.

Irritiert starrte er auf seine Uni-Unterlagen. Er verstand nicht, was mit ihr los war. Lernen konnte er jedenfalls nicht mehr, dachte Thomas und machte sich den Fernseher an, um sich mit Netflix abzulenken.

Vier Wochen und null mal Sex später kam Thomas aus einer Uni-Prüfung.

Lief scheiße, dachte er enttäuscht. Aber er hatte einfach zu viel Zeug im Kopf gehabt.

Theresa hatte seit dem letzten Gespräch eine Woche lang nicht mehr geantwortet. Weder am Telefon noch per Messenger.

Schließlich, als Thomas nach einer Woche eine letzte Nachricht in Whatsapp verfasst hatte, in der er geschrieben hatte, dass er nicht verstehe, wieso man nicht einfach schreiben könne, wenn kein Bedarf mehr auf ein Treffen bestehe, war ein Anruf gekommen.

"Es tut mir so leid", hatte sie gesagt. "Ich kann das einfach nicht, Thomas. Es liegt nicht an dir, es liegt an mir. Es herrscht zu großes Chaos in meinem Leben. Es ist einfach...alles zu kompliziert. Ich wünsche dir alles Gute, wir können uns nicht mehr treffen."

Thomas' Freunde forderten ihn auf, aufgrund der vollbrachten Prüfung erstmal in die Barracuda-Bar zu gehen.

"Bloß nicht da hin", antwortete Thomas. "Das erinnert mich nur an Theresa."

"Ach, vergiss die Alte", antwortete Mathias, ein Kumpel von Thomas. "Trink erstmal einen mit uns, dann kriegst du den Kopf frei. Und hey - egal wie das Ergebnis der Prüfung ist - erstmal haben wir die hinter uns!"

Nach entnervtem Murmeln und Grummeln ließ sich Thomas breitschlagen und ging mit seinen Kumpels in die Barracuda-Bar.

Zwei Stunden später hatte Thomas gut einen sitzen. Und das, obwohl es erst vier Uhr war. Egal, dachte Thomas, ich brauch das jetzt.

"Sag mal, ist das nicht deine Alte?" Mathias zeigte hinter Thomas in Richtung Bartheke.

Thomas wusste, was kam, bevor er sich überhaupt erst umdrehte. Er stöhnte auf, als hätte er es innerlich sowieso erahnt.

Theresa stand hinter der Bartheke und knutschte ausgiebig mit dem Barkeeper.

"Es ist kompliziert", murmelt Thomas und nahm einen Schluck aus seinem Bier.

Meine lieben Leser, es sei dahingestellt, ob der Barkeeper nun für einen ersetzbaren Mann-Platzhalter stand oder ob er ein kleines Namensschildchen mit der Aufschrift "Patrick" trug.

Das Fazit ist in beiden Fällen das gleiche: Es gibt kein "Es ist kompliziert". Und hier sind wir auch schon beim Thema, denn die Gesellschaft hat sich angeeignet, gerne mit einer Reihe von Standardphrasen zu hantieren, die nichts weiteres als stumpfe Ausreden für diverse Schwächen wie Unfähigkeit zur Selbstreflektion, Verwaschen von Wahrheiten oder mangelnde Entscheidungsfähigkeit sind.

Bestimmt haben auch Sie schon einen Großteil der gängigen Phrasen gehört, die teilweise in der vorherigen Geschichte bereits genannt wurden. Entweder haben Sie es selbst gehört oder bei Erzählungen von Freunden und Bekannten. Auch wenn Sie einen Netflix-Account haben und diverse Serien gesehen haben, werden sie auch über eine Menge dieser Phrasen gestolpert sein.

Dazu gehören die Klassiker "Es ist kompliziert", "Es ist einfach so passiert" und "Ich muss mich selbst finden", genauso wie die typischen Ausweichmanöver "Ich brauche Zeit zum Nachdenken" oder "Es liegt nicht an dir, es liegt an mir" und die Beschöniger wie "Ich hasse mich selbst dafür" oder einer meiner Favoriten: "Ich wollte dich nur schützen".

Lieber Leser, seien Sie sich gewiss, dass ich genauer auf sämtliche dieser Mittel, die Sie in die Irre führen oder vom Wesentlichen ablenken sollen (denn nichts anderes tun diese Aussagen), im weiteren Verlauf dieses Buches eingehen werde.

Doch zunächst einmal zu unserer Geschichte mit Thomas. Sensible Leser werden bereits beim Auftreten der Dame in Form ihres Instagram-Accounts, ihres allgemeinen Auftretens in der Bar und spätestens bei der "Es ist kompliziert"-Geschichte hellhörig geworden sein.

Meine klare Antwort auf Phrase Nummer 1 "Es ist kompliziert" lautet:

Es ist kompliziert ist nicht kompliziert.

Im Gegenteil. Genau genommen ist es immer ganz einfach. Es gibt nämlich kein Kompliziert in Angelegenheiten Beziehung, Partnerschaft, Affäre oder Ehe. Es gibt nur ja oder nein!

Entweder jemand ist Single, oder er ist es nicht. Entweder jemand ist verheiratet, oder nicht. Entweder jemand hat eine "offene Beziehung" und schläft mit 5 Geschlechtspartnern parallel und gleichzeitig, oder jemand tut es nicht.

Sie merken vielleicht schon, worauf ich hinaus will. Nämlich, dass es diesen Unsinn von "Es ist kompliziert" einfach nicht gibt. "Es ist kompliziert" ist ein Konstrukt von Menschen, die zum einen unfähig sind, ihren Status im Liebesleben klar zu definieren. Zum anderen sind sie unter Umständen auch nicht fähig, die notwendigen Handlungen zu vollbringen, um diesen Status festzulegen (Beispielsweise durch Schlussmachen oder Kontakt abbrechen).

Wenn Ihnen jemand also sagt, dass sein Status im Liebesleben kompliziert sei - und dies ist natürlich nicht an genau diese Wortwahl gekoppelt, sondern kann auch anders auftreten, beispielsweise als "Schwer zu sagen", oder "Ich bin Single, aber irgendwie auch nicht", oder "Ich bin nicht in Beziehung, aber habe da halt etwas" und so weiter - dann sagt Ihnen diese Person nichts anderes als:

Ich bin unfähig, mich von alten Beziehungen zu lösen.

Ich bin unfähig, mich auf neue Beziehungen einzulassen.

Ich bin nicht vertrauenswürdig, da ich noch in alten Beziehungszuständen hänge.

Lassen Sie mich klarstellen, dass mit Beziehungstyp nicht zwangsläufig eine klassische Beziehung gemeint ist. Damit kann auch eine Affäre, Ehe oder andere Formen von Beziehungen, sogar Freundschaften, gemeint sein.

Daher gilt schlichtweg: Finger weg!

Das "Finger weg" ist auch hier natürlich darauf bezogen, Versuche zu unternehmen, Liebesbeziehungen mit dieser Person aufzubauen. Selbstverständlich soll es Sie nicht davon abhalten, mit derartigen

Personen befreundet zu sein. Wenn sie nur einen One-Night-Stand ohne Ansprüche suchen (wobei ich mich dann frage, wieso Sie dieses Buch überhaupt lesen), wäre Theresa vermutlich auch eine Gelegenheit. Wenn Sie aber ernste Absichten haben, kann ich im Allgemeinen nur davon abraten, da sich aus eigener Erfahrung derartige Denkweisen auf die generelle Instabilität der Menschen ausdehnen lassen.

Und Freunde oder Bekannte, die innerlich instabil und somit destruktiv sind, tun uns schlichtweg nicht gut.

Bitte verwechseln Sie hier "instabil" nicht mit beispielsweise einem Kranken oder psychisch belasteten hilfsbedürftigen Menschen, der unsere Hilfe und Zuneigung verdient hat. Ich rede hier von Destruktivität und Instabilität in generellen Lebensweisen und Verhaltensmustern.

Auf unser Beispiel bezogen ist es ganz einfach herunterzubrechen:

Theresa hatte vor kurzem einen Exfreund, an dem sie offensichtlich noch hängt und er an ihr, da sie wieder mit ihm schreibt. Gleichzeitig hat sie eine Affäre mit Patrick angefangen.

Daran ist überhaupt nichts kompliziert.

Die Beziehung ging dem Ende zu und Theresa war ihrem Partner in der Form untreu, dass sie heimlich mit Patrick geschrieben hat. Als das Ganze eskalierte und die Beziehung endete, wurde kein klarer Beziehungsstatus hergestellt.

Dieser könnte sein: Beziehung beendet, neue Beziehung mit Patrick.

Oder: Beziehung beendet, Patrick nur eine kurze Affäre, wurde aber auch beendet.

Beide Fälle treffen aber nicht ein, stattdessen wird die dritte Person (Thomas) mit ins Boot geholt. Es handelt sich dabei ganz offensichtlich um eine Frau, die unfähig ist, einen klaren Status in ihrem Liebesleben festzulegen, von dem aus beispielsweise eine neue Bekanntschaft, Beziehung, oder mehr mit einem neuen Partner entstehen kann. Mit anderen Worten ist Theresa eine Frau, die unfähig ist, für sich selbst und andere Klarheit zu schaffen und schlichtweg untauglich für jegliche Form der ernsteren Partnerschaft ist.

Und wenn Sie, lieber Leser, sich an dieser Stelle jetzt denken: "Wie kann er sowas behaupten. Nicht alle Menschen sind gleich. Menschen können sich auch ändern. Es kann sein, dass sie sich gut verstehen und eine tolle Beziehung draus wird."

Verstehen Sie mich nicht falsch, vielleicht kann es einen von 100 Fällen geben, in denen dies wirklich passiert, aber Erfahrungen haben gezeigt, dass dies einfach so gut wie nie zutrifft. Fängt eine Beziehung kompliziert an, ist sie auch kompliziert und endet kompliziert. Ist ein Mensch nicht fähig, auf eigenen Beinen zu stehen und seinen Status im Liebesleben klar zu definieren und sich insbesondere von vergangenen Beziehungen zu lösen, wird er dies so gut wie immer in eine neue Beziehung mitbringen und diese damit belasten, bis es dann zum Betrug, zu Lügen oder zum schlichten Ende kommt.

Wenn Sie nun der Meinung sind, dass diese Ansichten intolerant, zu radikal und zu verallgemeinernd sind, fürchte ich, dass Sie das Buch beiseite legen müssen. Falls nicht und falls ich Ihr Interesse geweckt habe, freue ich mich, wenn Sie weiterlesen. Ich werde auf sämtliche weiteren Phrasen eingehen, sowie typische Verhaltensmuster. Ich hoffe, Sie für bestimmte Muster sensibilisieren zu können, sodass Sie einen richtigen Riecher in Sachen Partnersuche entwickeln können. Vielleicht entdecken sie sogar Parallelen an sich selbst, was diese Muster und Phrasen angeht. Dies könnte selbstverständlich auch ein Grund sein, wieso Sie immer noch auf der Suche nach einer ernsten Beziehung sind, da die Verhaltensmuster "Es ist kompliziert" und co. zu nichts außer eigener Verwirrung und Unzufriedenheit führen werden. Denn denken Sie mal an Theresa. Glauben Sie, dass sie glücklich wird oder eine feste Beziehung haben wird, egal ob mit Patrick oder ihrem Ex-Freund, wenn sie zwischen beiden hin- und her springt und vermutlich irgendwann beide die Nase von ihr voll haben?

Error 2: Verwechslung von Liebe und Abhängigkeit

Es war Freitagabend und ich saß gemütlich vor dem Laptop auf der Couch. Nebenher lief irgendetwas im Fernsehen, was ich aber nicht wirklich beachtete.

Plötzlich hörte ich das Bimmeln, wenn man in Facebook eine Nachricht bekommt.

Ich wechselte den Tab im Browser auf Facebook und sah, dass mir mein damaliger Kumpel Ronald geschrieben hatte.

"Heyho, ich brauche deinen Rat."

Ich wusste sofort, dass es um Nadine ging. Ronald hatte mir bereits in den vergangenen Wochen von ihr erzählt. Eine eigennützige Blondine, die ihm den Kopf verdreht hatte. Das war die Hauptaussage, die mir noch im Gedächtnis hängen geblieben war. Und dann noch einige Randdetails. Er hatte sie über das Internet kennengelernt, sie hatten sich ein paar mal getroffen, sie war einmal mit ihm ins Bett gestiegen... und seitdem nichts mehr. Außer ständige Erzählungen, wann Sie ihn wieder versetzt hatte, wie sie ihn ignoriert hatte und dergleichen, versteht sich.

Ich verstand zum damaligen Zeitpunkt schon nicht, wieso man so einer Person hinterher läuft, denn genau das tat Ronald.

Und jetzt wäre es eine Sache, wenn sie ihm mit gelegentlichem Sex ab und zu einen Brocken hingeworfen hätte, aber dies war gar nicht der Fall. Ihre bloße sporadische Aufmerksamkeit schien für Ronald

Grund genug zu sein, sich selbst erniedrigend und wie ein Wurm hinter ihr her zu kriechen.

"Sie hat mich versetzt", schrieb Ronald gerade.

Auch wenn es für mich nichts Neues war, hakte ich nach. "Wo genau? Wann?"

"Naja, wir haben so geschrieben auf Facebook und gestern schon ausgemacht, dass wir uns heute treffen. Ich meinte dann vorhin, ob wir etwas unternehmen wollen. Noch in eine Bar oder so. Darauf kam erstmal eine Stunde keine Antwort. Irgendwann dann kam eine Zusage."

"Zusage?", haute ich in die Tasten.

"Also, zumindest meinte Sie, dass sie heute noch Zeit haben müsste und mir später noch schreibt."

"Und?"

"Und nichts mehr. Ewig lange. Und jetzt hab ich halt doch nochmal nachgehakt, was jetzt ist. Und dann kommt echt: Habe noch einen Bekannten beim Einkaufen getroffen. Wir sind erstmal mit dem und 'nem anderen Kumpel in 'ne Bar gegangen. Ich gebe dir noch Bescheid, ob ich danach Zeit habe. Was wolltest du eigentlich unternehmen?"

Ich las, was da so stand und musste grinsen und den Kopf schütteln. Ich schob das Laptop näher an mich heran.

"Du hast dich also mit ihr in einer Bar verabredet und sie ignoriert dich komplett. Dann geht sie mit zwei anderen Männern in eine Bar und denkt nicht mal daran, dass du mir ihr in eine Bar gehen wolltest? Und was willst du dann eigentlich noch von ihr?"

"Naja, du weißt ja schon, wie das mit ihr ist. Sie hat mir einfach den Kopf verdreht. Ich weiß, dass ich ihr nicht so hinterherlaufen sollte, aber irgendwie schafft sie es, mich mit ihren Aktionen so festzuhalten. Da spricht der Jagdtrieb in mir! Ich möchte sie erobern!"

Jagdtrieb?, echote es in meinem Kopf. Ich war so verwirrt ob dieser dummen Aussage, dass ich erstmal keine Antwort darauf wusste.

"Aber der Fall ist doch klar", schrieb ich schließlich, verwirrt über diese Beratungsresistenz. "Sie verarscht dich komplett. Und sie ist nicht mehr an dir interessiert, sonst würde sie dich ja treffen wollen."

"Naja, so ganz stimmt es nicht. Sie hat ja Borderline und so. Das ist halt dieses Anziehen und Wegstoßen. Sie wartet bis ich nichts mehr mache und dann schreibt sie mich doch plötzlich wieder an und gewinnt mein Interesse. Und wenn sie merkt, dass sie es hat, dann kommt wieder so eine Aktion wie heute."

Ich konnte es nicht so richtig fassen, wieso man auf so etwas ansprang.

"Borderline ist eine Krankheit, Ronald. Da solltest du entweder sehr gut damit umgehen wissen, oder aber die Finger von lassen."

"Ja, da ist auch noch mehr", ignorierte mich Ronald, "zum Beispiel hat sie letztens auch was Witziges gebracht. Ich habe ja mittlerweile wieder recht lange Haare und da hat sie ganz dreist gefragt, ob ich die nicht abschneiden kann, damit sie sich Extensions machen kann. Sie würde gerne einem bekannten Youtuber mit einem Video imponieren, von dem sie wisse, dass er auf langhaarige Mädchen steht."

Sie will, dass er seine Haare abschneidet, damit sie einem anderen Mann gefällt? Mit Stirnrunzeln las ich die Nachricht, bis ich lachen musste.

"Toller Witz, Ronald!"

"Nein, wirklich! Das hat sie gebracht."

"Und du läufst ihr noch hinterher? Wieso denn? Ich verstehe es nicht."

"Sie hat einfach so etwas Fesselndes."

Die Unterhaltung wurde noch eine Weile fortgesetzt, bis Ronald sich schließlich verabschiedete. Er hatte soeben die Mitteilung von Nadine bekommen, dass Sie heute doch keine Zeit mehr für ihn hatte. Welch Überraschung.

Einige Wochen später traf ich Ronald in einem Club, den ich öfter mal besuchte. Nach einigen Dialogen und typischen Herrengesprächen auf der Clubtoilette ging es schließlich wieder um das Thema Nadine.

"Ich komme einfach nicht los von ihr", jammerte Ronald gerade. "Wir haben uns nochmal zum Kaffee getroffen."

"Hat sie dich nochmal 'ran gelassen?'", gab ich unverblümt zurück.

"Nein, das nicht. Wir haben nur das eine Mal was gehabt. Aber es war eigentlich gut gestern. Und das Schreiben ist voller Spannung. Sie hält mich so auf Trab, weißt du? Sie hält die Spannung aufrecht, die bei so vielen Beziehungen schnell weggeht und die dann langweilig werden. Sie schafft es jetzt seit einem Jahr ununterbrochen, meine Aufmerksamkeit für sich zu halten. Das hat noch nie eine geschafft. Bei mir ist es eben so, dass mir eine Frau, die alles für mich macht, gleich langweilig wird. So wie mit Kathrin. Die hat mir sofort alles gegeben, was sie hat. Und alles machen lassen im Bett und war ständig für mich da. Das hat für mich sofort den ganzen Reiz genommen."

Verständnislos schaute ich Ronald an. Was ist daran falsch, wenn einem ein Mensch viel gibt?, fragte ich mich gerade. Mich würde das garantiert nicht langweilen. Eher, wie Scheiße behandelt zu werden.

"Aber dann", schwenkte Ronalds Stimmung um, "kam wieder 'ne Absage. Da kam einfach nur, dass sie gerade keine Lust hat zu reden. Einfach so! Und das, obwohl ich ihr heute Nacht gestanden habe, dass ich sie liebe!"

Ronald öffnete Facebook auf seinem Handy und zeigte mir den Chatverlauf.

Dass ich sie liebe, echote es in meinem Kopf, während ich die Zeilen überflog. Weiß der eigentlich ansatzweise, was Liebe ist?

"Du hast ihr gesagt, dass du sie liebst? Aber wieso? Sie tut nichts für dich und versetzt dich nur ständig. Ihr verbringt doch nicht mal wirklich Zeit miteinander. Abgesehen davon hast du den letzten Rest von Würde und Glaubhaftigkeit abgegeben. Du hast ihr die drei Worte gesagt - völlig ohne Grund - und von ihr kommt, dass Sie keine Lust hat, gerade zu reden. Jetzt wird sie dich erst recht so behandeln wie bisher schon, weil sie einfach weiß, dass sie es tun kann."

Ronald grinste und zuckte mit den Achseln. "Ja, ich weiß!", stieß er aus und lachte.

Ich schloss meinen Mund, den ich gerade geöffnet hatte, um noch etwas zu sagen. Das Gespräch war für mich beendet.

Ja, lieber Leser, ich denke, bei diesem Exemplar müssen wir nicht wirklich viel analysieren. Ich denke auch, dass Sie vermutlich ebenfalls den Kopf schütteln, wieso eine Person sich so etwas bieten lässt.

Es kann eigentlich nur dadurch begründet sein, dass jemand genau diese Art von Spiel braucht. Also ein gewisses Maß von Masochismus. Im Grunde ist es ja nichts anderes als ein typisches Täter-Opfer-Verhältnis, bei dem sich die Frau ständig verprügeln lässt und dennoch zu ihrem Mann zurückkommt. Nur dass sich hier Ronald von Nadine wie Dreck behandeln lässt und ihr dennoch gesteht, dass er sie dafür liebt.

Natürlich können Sie jetzt sagen, dass jeder Liebe anders definiert.

So steht es ja sogar im Duden: "Auf starker körperlicher, geistiger, seelischer Anziehung beruhende Bindung an einen bestimmten Menschen, verbunden mit dem Wunsch nach Zusammensein, Hingabe o. Ä."

Es trifft also zu für Ronald. Er fühlt sich auf eigene Weise von Nadine und ihrem Verhalten angezogen und möchte mit ihr zusammensein bzw. Zeit verbringen.

Wenn Sie allerdings, lieber Leser, so eine Definition von Liebe wie Ronny teilen und sich dann wundern, wieso Sie keine richtige Beziehung aufbauen können oder immer noch unglücklich sind, sollten Sie Ihre Definition hinterfragen.

Ich denke, es ist völlig selbsterklärend, dass bei so einem Verhältnis keine tiefgehende Bindung entstehen kann. Schlimmer noch, es wird nicht einmal möglich sein, eine oberflächliche oder rein körperliche permanente Bindung herzustellen, da es Menschen wie Nadine offensichtlich um etwas anderes geht.

Menschen wie Nadine (und das ist unabhängig von Borderline-Symptomen, denn es gibt viele Menschen, die derartige Spielchen betreiben und kein Borderline haben) brauchen Machtgefühle, die sie ausüben können. Sie brauchen das Gefühl, jemanden in der Hand zu haben. Oder auch mehrere, was von einem Bekannten treffend als Men-Casting oder Bachelorette-Syndrom bezeichnet wurde.

Das gelegentliche "Brocken hinwerfen" dient dazu, Sie bei Laune zu halten, falls Sie doch anfangen, sich zu distanzieren oder die Aufmerksamkeit gegenüber dieser Person zu reduzieren.

Menschen wie Nadine versuchen mit dem geringstmöglichen Aufwand, Sie - und vor allem nicht nur Sie, sondern vielmehr eine Menge von weiteren Menschen - an sich zu binden und Macht auszuüben, weil sie sich so besser fühlen. Ihnen wird es nie darum gehen, Spannung aufzubauen, die in Sex enden wird. Oder Zuneigung, die in einer langfristigen Beziehung oder Freundschaft enden wird.

Ronald war Nadine offensichtlich komplett egal, sie benötigte ihn nur noch für ihre Machtspielchen, was Ronald völlig missinterpretierte und als "Spannung" deutete.

Die Geschichte ist natürlich ein Extrembeispiel und auch (wie alle Geschichten) völlig geschlechtsunabhängig. Nicht, dass Sie denken, lieber Leser, dass ich mich geschlechterspezifisch auf eine Seite schlage und mich nur auf die unmöglichen Frauen dieser Welt und auf ihre Spielchen fixiere.

Ein anderes Beispiel wäre eine Stewardess, von der mir ein Freund vor Jahren schon einmal erzählt hat. Sie schien wohl einen Freund zu haben, von dem sie sich eigentlich schon getrennt hatte, weil dieser sehr eigennützig war und sie ausnutzte.

Da sie aber ebenfalls unfähig war, ihren Status im Liebesleben klar zu definieren und somit den Kontakt nicht abgebrochen hatte, meldete sich besagter Freund des öfteren bei ihr, um ihr nur mitzuteilen, wie schlecht es ihm denn ginge.

Dies ging so weit, dass er sie fragte, ob sie ihm denn kein Geld leihen könne, was besagte Stewardess auch tat. Es war doch schließlich ihr Ex-Freund und er hatte doch sonst niemanden mehr. Auch war er zur Zeit arbeitslos und bekam sonst ernsthafte Probleme. Da wollte sie doch nicht die Böse sein, die dann an seinem Untergang Schuld hatte.

Sie sehen schon, worauf es hinausläuft. Der Ex-Freund gab ihr das Geld natürlich nie zurück, im Gegenteil, er verlangte sogar mehr.

Hier haben wir also eine ähnliche Situation, nur mit umgedrehten Rollenverhältnissen. Der Ex warf der Stewardess öfter einen Brocken hin. Da sie sich nicht von ihm lösen konnte, ging sie auf seine Forderungen ein und wurde nur ausgenutzt.

Logischerweise gehören immer zwei dazu. Ronny, der Nadine hinterherläuft und Nadine, die ihre Machtspielchen spielt. Die Stewardess, die nicht vom Ex wegkommt und der Ex, der es ausnutzt.

Sollten Sie also bereits ähnliche Erfahrungen mit Partnern gemacht haben, müssen Sie sich darüber im Klaren sein, dass Sie entweder selbst die Opferrolle angenommen haben - oder aber vielleicht

Machtspielchen brauchen und potentielle Beziehungspartner um sich scharen sowie um sich kämpfen oder betteln lassen.

In beiden Fällen werden Sie garantiert nicht glücklich werden, da es zu nichts führt.

Eine Bekannte meinte vor einigen Jahren mal, dass ja jeder die partnerschaftliche Liebe anders definiere. Ein Ex-Freund von ihr habe gesagt, dass er Liebe über Sex definiere. Je besser und intensiver der Sex sei, desto größer sei die Liebe von ihm für diese Person.

Bitte verzeihen Sie mir den Kommentar, dass es sich dabei um einen dummen 21-jährigen Jungen handelte, der einfach nicht wusste, wovon er da redete.

Ich denke, dass jeder halbwegs vernünftige Mensch, der sich länger mit dem Thema befasst hat, zu dem Schluss kommen wird, dass Liebe eine starke zwischenmenschliche Bindung ist, die ihren Tiefgang insbesondere durch gegenseitig bedingte starke Zuneigung, freiwillige Aufopferung füreinander und weitaus mehr definiert wird als nur durch Sex.

Aber finden Sie es für sich selbst heraus, wie Sie partnerschaftliche Liebe definieren.

Glücklich werden Sie meiner Meinung nach nur, wenn für Sie partnerschaftliche Liebe etwas ist, das in allen Belangen auf Gegenseitigkeit beruht und nicht durch Machtspielchen geprägt ist und mit Abhängigkeit verwechselt wird.

Error 3: Offene Beziehung

Lieber Leser, es war klar, dass wir auch dieses Thema behandeln müssen. Da es insbesondere auch in den letzten Jahren in Mode gekommen ist, "offene Beziehungen" zu führen, möchte ich Ihnen meine Meinung und eine Geschichte dazu nicht vorenthalten.

Ich möchte Ihnen jedoch vorweg mitteilen, dass ich selbst offene Beziehungen für Unsinn halte, sie für mich auch keine wirklichen Beziehungen sind und meiner Meinung nach mit einer stolzen Quote von 100% immer zum Scheitern verurteilt sind. Wenn Sie das selbst nicht so sehen oder selbst (in Ihren Augen betrachtet) eine erfolgreiche, tiefgehende, langfristige, offene Beziehung führen, sollten Sie besser das Buch weglegen.

Ansonsten lesen Sie gerne weiter und hören sich erstmal die nächste Geschichte an, die natürlich wieder echt passiert ist und abgeänderte Namen enthält.

Lassen Sie mich zunächst Olaf beschreiben. Er ist ein langjähriger Handball-Kumpel. Es handelt sich um einen kleinen, etwas kräftigen, stets gut gelaunten Mann mittleren Alters, der aufgrund seiner Arbeit nur alle zwei Wochen verfügbar ist. Die anderen zwei Wochen ist er unterwegs, beruflich bedingt. Diese Tatsache, andere Enttäuschungen sowie zusätzliches Scheitern in einer vergangenen Ehe, führten bei ihm bereits dazu, dass er nicht mehr an partnerschaftliche Beziehungen glaubt.

"Ich will ja sowieso keine Beziehung mehr", sagte Olaf und nahm eine Gabel von seinen Rigatoni Bolognese in den Mund.

Wir hatten uns mittags vor meinem Büro verabredet. Oft gingen wir dann zum örtlichen Pizzaladen, um eine halbe Stunde zu essen und uns zu unterhalten.

"Das würde bei mir einfach nicht funktionieren. Ich bin zwei Wochen weg, da kann ich es nicht gebrauchen, dass die Frau dann ständig schreibt und was von mir will und ich kann es ihr nicht geben, weil ich nicht da bin oder arbeiten muss. Und du weißt ja, wie Frauen sind. Denen wird auch schnell langweilig."

"Nicht alle Frauen sind so, Olaf…" Innerlich war ich schon wieder etwas genervt über diese Aussage.

"Was soll ich denn machen, wenn ich dann zwei Wochen weg bin und ihr langweilig wird und sie was unternehmen will. Dann geht sie halt doch alleine in eine Bar und du weißt ja."

Ich schwieg.

"Dann lernt sie da wen anderes kennen", setzte Olaf seinen Monolog fort, "und am Ende geht sie noch fremd und darauf habe ich einfach keine Lust."

"Aber es muss ja nicht so sein", warf ich nun doch ein. "Es kann ja auch sein, dass du eine kennenlernst, die damit klarkommt. Die dann mit dir Skype-Videochat macht und so. Und wenn du wieder da bist, unternehmt ihr zwei Wochen was."

"Ne, ne." Olaf winkte ab. "Beziehung ist nichts mehr für mich. Ich hab da keine Lust drauf. Du weißt ja, wie es in Beziehungen ist. Irgendwann wird's ja dann eh langweilig und dann fangen die Frauen an, heimlich mit einem anderen zu chatten und so. So wie bei dir damals."

Ich wusste, dass Olaf auf meine Ex-Freundin anspielte. Dennoch dachte ich mir, dass mir unabhängig davon eine Beziehung überhaupt nicht langweilig wurde, nur weil sie länger als zwei Jahre andauerte. Und einer Frau ebensowenig zwangsläufig.

Hinzu kam, dass vor ihm ein Mann saß, der seit mehreren Jahren glücklich und zufrieden in einer neuen Beziehung war und sich überhaupt nichts von Langeweile oder Unzufriedenheit abzeichnete.

Ist er blind oder will er es nicht sehen?, dachte ich mir.

"Außerdem", schmatzte Olaf mit Rigatoni im Mund, "möchte ich ja auch mal in den Swingerclub gehen. Und Frauen haben da ja oft dann doch ein Problem. Oft sagen sie ja am Anfang, dass es ihnen nichts ausmacht. Aber irgendwann kommt dann, dass sie doch nicht damit klarkommen."

Olaf schob den leeren Teller beiseite.

"Das ist ja generell ein Problem. Ich will ja keine feste Beziehung. Ich will eigentlich auch mal andere Frauen haben. Ich will das offen und locker haben. Du meintest ja, ich soll nicht betrügen und so, deswegen sag ich das ja jetzt immer schon ganz offen und ehrlich, wenn ich eine neue Frau kennenlerne. Also, dass ich keine Beziehung will und auch andere Frauen treffen will. Oder mal in den Swingerclub gehen. Dann kommt oft, dass die damit kein Problem haben und klarkommen. Aber nach zwei Monaten geht's dann los. Hattest du jetzt eine im Swingerclub? Hast du 'ne andere in der Arbeit getroffen? Und der ganze Mist. Obwohl ich es am Anfang gesagt habe. Oft habe ich dann ja nicht mal eine andere. Aber allein das Nachfragen und Spionieren nervt mich schon und dann mach ich da lieber gleich Schluss."

Ich ließ eine kurze Pause und antwortete schließlich.

"Naja, ich glaube, dass die meisten es halt so sehen, dass man am Anfang ja sowieso noch nicht fest zusammen ist und erstmal abwarten will. Vielleicht erhoffen sich manche Frauen dann, wenn ihr euch näher kennenlernt, dass du keinen Swingerclub mehr brauchst, oder halt andere Frauen. Weil du dann zufrieden bist mit der einen."

"Ja, aber ich habe es doch am Anfang gesagt. Dann haben die mich ja angelogen, wenn sie dann doch nicht damit klar kommen", beteuerte Olaf.

"Viele können das nicht, glaube ich. Einen Partner eben mit 'nem anderen teilen. Die wollen einen Mann für sich allein. Selbst wenn sie dann am Anfang so tun, als kämen sie damit klar. Das ist dann vielleicht auch eher, um dich nicht abzuschrecken oder einengend zu wirken. Sie wollen erstmal Freiheiten lassen. Aber ich glaube, irgendwann will jeder einen festen Partner für sich. Wenn man jemanden wirklich mag und für sich will, dann will man ihn doch nicht teilen mit anderen. Das funktioniert halt nicht."

Olaf gab keine Antwort.

Einige Monate später saß ich mal wieder im lokalen Pizzaladen in der Nähe meines Büros und Olaf zeigte mir ein Foto von Nina, seiner neuesten Errungenschaft.

"Schau, wie schlank sie ist! Das musst du dir mal vorstellen, die hat sechzig Kilo mehr gewogen. Dann hat sie eine Magenverkleinerung gemacht und sieht jetzt so aus."

"Ja, sieht doch ganz gut aus!", antwortete ich höflichkeitshalber. "Passt optisch auf jedenfall zu dir, denke ich", fügte ich noch hinzu.

"Und sie will sogar mal mitkommen zum Handballtraining. Sie hat früher Volleyball gespielt im Verein und wollte das auch mal ausprobieren." Olaf war begeistert.

"Das ist doch gut", antwortete ich und aß ein Stück Spinatpizza. "Und wie sieht es so aus bei ihr...wegen Beziehung und so? Und Swingerclubs?"

"Sie sieht das ganz locker", antwortete Olaf schnell. "Sie war selber auch schonmal in 'nem Swingerclub. Wir wollen es erstmal ganz offen angehen. Ich habe das gesagt mit den anderen Frauen und sie fand es ok. Sie hat sogar selber noch jemanden."

"Wie jetzt?" Ich hörte auf zu kauen. "Einen anderen Typen?"

"Genau, irgend so ein Anwalt. Der ist sogar verheiratet."

"Wie bitte...Der betrügt quasi seine Frau mit ihr?"

"Ja, frag mich nicht, du, keine Ahnung. Das ist ihre Sache."

Ich musste innerlich schon wieder den Kopf schütteln, wie man sich überhaupt auf so etwas einlassen konnte. Ich sage nur "es ist kompliziert".

"Also, sie will jetzt mit dir irgendwas anfangen, bumst aber noch diesen Anwalt."

Ich zog die Augenbrauen nach oben. Ich konnte mir die Frage, die eher eine Aussage war, nicht verkneifen.

"Genau. Das ist halt nur Sex für sie, mehr nicht. Der kommt dann vorbei, bumst sie und geht wieder. Da ist nichts mit Schreiben oder gemeinsam Kaffee trinken gehen und so."

"Und du hast dafür dann auch freie Bahn bei anderen Frauen?", fragte ich und wunderte mich gerade, wieso man überhaupt jemanden kennenlernen wollte, wenn man eigentlich andere Affären am Laufen hatte oder von vornherein schon mit anderen Frauen ins Bett gehen wollte, so wie Olaf. Für mich machte das alles keinen Sinn.

"Genau. Aber wir wollen dann auch mal zusammen in den Swingerclub. Und von meiner Freundin Sandy habe ich ihr auch schon erzählt und damit hat sie kein Problem. Also, dass wir uns sehr nahe stehen und eine Freundschaft haben. Das ist so witzig, gestern haben Sandy und ich schnell zusammen einfach geduscht, bevor wir ins Kino sind, dann habe ich Nina von uns beiden aus der Dusche ein Bild geschickt, schau mal!"

Olaf streckte mir sein Handy vor's Gesicht, auf dem ein Bild mit ihm und Sandy nackt unter der Dusche zu sehen war. Zu meinem Glück waren abgesehen von Brüsten weitere kritische Stellen auf dem Bild nicht erkennbar.

Ich wollte innerlich schon wieder den Kopf schütteln und musste mich zwingen, es nicht versehentlich echt zu machen. Was zur Hölle?, dachte ich. Er schickt ein Nacktbild mit sich und seiner "besten

Freundin" an eine potentielle andere Partnerin? Wie kommt das rüber?

Ich zwang mich zu einem Lächeln. "Und was hat sie da geschrieben?", presste ich heraus.

"Ach, sie fand es lustig. Viel Spaß, meinte sie." Olaf grinste.

Etwa einen Monat später trafen wir uns beim Handball wieder. In der Umkleidekabine kam Olaf schnell zur Sache.

"Wir sind jetzt zusammen! Also in einer offenen Beziehung eben. Und wir waren jetzt zusammen im Swingerclub", prahlte Olaf.

Auch wenn ich nicht verstand, wieso man damit prahlen muss, da es für mich daran nichts Nennenswertes gibt, hakte ich aus Interesse weiter nach.

"Ich dachte, du willst keine Beziehung. Na und, wie war es?"

"Gut! Gut...wir haben sogar mit einem anderen Pärchen rumgemacht. Nina hat mich dann so angeschaut wegen diesem Typen und ich habe ihm dann so zugenickt. Quasi das OK gegeben, weißt du. Dann hat er sie von hinten genommen, während sie mir einen geblasen hat, das war geil."

"Oh, krass", antwortete ich stumpf, da ich daran so überhaupt nichts geil fand. In meinen Kopf kamen grauenhafte Bilder zum Vorschein, in denen vor meinen Augen ein anderer Mann mit meiner Freundin schlief. Ich verdrängte sie schnell wieder. "Und hast du auch mit der Frau dieses Pärchens dann…?"

"Nein, das nicht. Ich hab sie schon so angeschaut und gestreichelt und so. Ich glaube, ihr Typ hätte da auch nichts dagegen gehabt, aber sie hat dann langsam meine Hand so weggeschoben. Die wollte das, glaube ich, nicht. Aber es war egal, ich fand's auch so gut. Weißt du, das ist, was ich halt so cool finde an solchen Clubs. Dieses Offene und Lockere. Man kann, aber muss nicht. Alles kann passieren, aber es muss halt nicht passieren."

"Und dass Nina dann mit dem Mann geschlafen hat, hat dich das nicht irgendwie gestört?" Ich verzog unweigerlich das Gesicht ein wenig.

"Nein, gar nicht." Olaf zog die Mundwinkel nach unten. "Ich war ja dabei und habe quasi das OK gegeben, verstehst du? Wenn man da zusammen hingeht und das alles sieht und auch dabei ist, dann ist es in Ordnung. Man erlaubt es sozusagen. Dann ist es ja auch kein Betrug oder sowas. Anders wäre es natürlich, wenn sie es heimlich macht oder mit jemandem anfängt zu schreiben oder so. So war das ja nur Sex."

Nur Sex, rezitierte ich im Kopf und blickte nachdenklich zu Boden. Es war mir völlig unverständlich, wo dort die Logik sein sollte. Wenn man einen Menschen auf sexueller und beziehungstechnischer Ebene mochte, so wollte man doch nicht, dass eine andere Person mit diesem Menschen schläft. Miteinander heimlich zu schreiben würde schon eine kleine Art von Betrug für mich sein, aber Sex mit der anderen Person wäre das Extremste, was ich mir vorstellen konnte. Egal ob ich dabei war oder nicht. Ich konnte es absolut nicht nachvollziehen.

"Aber wenn es so in Richtung Kennenlernen oder Beziehung geht, wäre es nicht in Ordnung", führte

Olaf gerade seine Ausführungen fort. "So wie leider letztens im Katty-Club."

Ich legte mein Handtuch beiseite und zog meine Jeans an. "Was war da?"

"Na, da hat sie dann so 'nem Typen hinterhergeschaut. Da wusste ich nicht, was ich davon halten soll. Es ist ja eine Sache, so wie im Swingerclub, wo man dabei ist und das OK gibt und das quasi in beiderseitigem Einverständnis geschieht. Aber 'ne andere ist es, wenn sie dann einem hinterherschaut."

Ich war noch mehr irritiert. Seine halbherzige "Freundin" schlief mit einem Anwalt, anderen Männern im Swingerclub, aber einem Kerl hinterher zu schauen, das war nicht in Ordnung? Ich verstand die Welt nicht mehr.

"Ich weiß nicht, ob sie mich damit eifersüchtig machen wollte oder so", sagte Olaf gerade. "Weil ich ja mit Sandy oft was unternehme und gesagt habe, ich will auch andere Frauen treffen. Aber bisher habe ich keine andere außer ihr. Ich meinte zu ihr, was das soll. Und sie: Wieso denn? Der sieht eben gut aus! Du willst doch auch mit anderen Frauen was haben, da darf ich ja wohl dem hinterherschauen." Olaf schüttelte den Kopf. "Es geht ja gerade um diese Sache. Dass man es so vor dem anderen macht. Sie würde doch auch nicht wollen, dass sie sieht, wie ich anderen Frauen hinterher schaue. Oder mit denen flirte. Oder heimlich schreibe."

"Ach komm, du schaust doch auch anderen ständig hinterher." Ich lachte. "Und wenn du mit 'ner anderen was haben willst, müsstest du ja auch erstmal mit der schreiben."

"Ja klar würde ich das", grinste Olaf. "Aber ich würde die ja nicht kennenlernen wollen, sondern nur flachlegen. Das war es dann. Nicht zum Kaffee trinken treffen oder näher kennenlernen und so. Und ich schaue ja einer anderen Frau nicht hinterher, während Nina neben mir sitzt."

Ich hielt inne. "Hä? Also wenn du es machst und sie sieht es nicht, ist es ok?"

"Ja klar." Olaf sah mich verwundert an, als wäre es selbstverständlich. "Ich sage immer, was ich nicht weiß, macht mich nicht heiß. Also auch in solchen Angelegenheiten. Wenn sie nicht sieht, dass ich einer hinterher schaue, verletze ich sie doch nicht, oder?"

Olaf sah mich an. Ich schaute verblüfft zurück. Aber er meinte es ernst.

"So wie mit Rina im Aufzug damals."

Olaf spielte auf eine Bekannte namens Karina von mir an, der er, obwohl er damals eine feste Beziehung hatte, einfach im Aufzug einen Kuss gegeben hatte.

"Das hat ja niemand gesehen und meine damalige Freundin hat es auch nie erfahren. Natürlich wäre sie enttäuscht gewesen und sauer. Das wäre ich doch auch! Wenn ich wüsste, sie hätte 'nen Typen im Aufzug geküsst... ja, da würde ich Schluss machen!"

Mein Mund stand offen. Das war die dümmste Logik, die ich je gehört hatte.

Olaf sprach weiter. "Aber dadurch, dass ich es gemacht habe, ohne dass sie es je erfahren hat, habe ich sie ja nicht verletzt, oder?"

"Aber dann könntest du ja ständig fremdgehen in jeder Beziehung und es wäre ok, solange der andere es einfach nie erfährt...", brachte ich heraus. "Aber darum geht es doch nicht, der Betrug findet doch trotzdem statt. Wenn du jemanden beklaust und derjenige findet es nie heraus, hast du ihn doch trotzdem beklaut", versuchte ich einen Vergleich zu ziehen.

"Ach ja, komm", winkte Olaf ab. "Das kann man ja jetzt nicht vergleichen. Das ist ja was anderes. Aber wenn meine Ex-Freundin fremdgegangen ist - da weiß ich nichts davon. Vielleicht ist sie das ja? Aber das wäre mir egal, weil ich weiß es ja nicht. Also verletzt es mich auch nicht. Also ist es mir auch egal. Und bei vielen Ehen ist es ja genau so. Da betrügt der Ehemann über Jahre hinweg seine Frau und sie erfährt es halt nie. Und er versucht es natürlich auch nie auffliegen zu lassen, weil er die Familie nicht kaputt machen will, mit den Kindern und so."

Ich stand so in der Umkleide und starrte ins Leere. Ein Kleinkind kam mir in den Sinn, das sich die Hände vor die Augen hielt und auf die Straße lief. Wenn ich die Autos nicht sehen kann, sind sie auch nicht da!, sagte das Kleinkind. Und wurde vom Auto überfahren.

Wieder einen Monat später. Wir saßen diesmal in der Dönerbude, weil der Pizzaladen noch geschlossen war.

"Es ist wie immer gekommen, wie ich schon dachte. Jetzt fängt sie wieder damit an! Ob ich wieder zu Sandy fahre und was wir machen und so."

Olaf aß hastig seinen Döner.

"Am Anfang hat sie gesagt, dass sie es ok findet mit Sandy und generell mit anderen Frauen. Aber jetzt geht es schon wieder los. Triffst du sie heute? Bestimmt schlaft ihr doch miteinander, wenn ihr auch zusammen duscht. Hast du in der Arbeit in den zwei Wochen, wo wir uns nicht sehen, jetzt eine Neue kennengelernt, mit der du ins Bett gehen willst? Weil du so wenig am Donnerstag geschrieben hast. Blabla, dieses typische Gelaber, was dann immer von den Frauen kommt."

Ja, von deinen Frauen in deiner Situation, dachte ich mir nur und sparte mir einen Kommentar.

Olaf sprach weiter.

"Ich hab schon gar keine Lust mehr. Ich schreibe schon mit Mandy. Vielleicht gehen wir morgen nachmittag einen Kaffee trinken. Keinen Bock auf dieses Getue von Nina. Wir haben uns richtig gestritten am Wochenende, dann ist sie eher zurückgefahren in ihre Heimat. Dann hat sie nochmal 'ne Mail geschrieben, dass sie mit dem Anwalt ins Bett ist. Soll sie doch, mir macht das ja nichts aus, ich habe ja gesagt, ich will eine offene Beziehung. Aber sie braucht sich dann auch nicht wundern, wenn ich mit Mandy ins Bett gehe. Aber das wird sie ja sowieso nicht erfahren."

Ich schüttelte lange den Kopf.

Olaf dachte vermutlich, dass ich über Nina den Kopf schüttelte. Doch in Wirklichkeit schüttelte ich natürlich den Kopf über dieses ganze kindergartenähnliche Schlamassel, das beide Beteiligten hier veranstalteten.

"Nina hat jetzt Schluss gemacht."

Es war eine Woche später und Olaf schüttelte mir die Hand zu Begrüßung. Zusammen schlenderten wir zum Pizzaladen.

"Echt? Ich dachte eher, du wirst mit ihr Schluss machen, weil es dich so nervt."

Ich schaute auf die Uhr. Eine halbe Stunde hatte ich Zeit, dann musste ich zurück ins Büro.

"Nein, nein." Olaf klang beiläufig. "Sie hat Schluss gemacht. Sie meinte, es wird ihr alles zuviel und mit den Streitereien klappt es einfach nicht. Sie müsse sich selbst finden."

Sich selbst finden. Innerlich bekam ich schon Kotzkrämpfe allein aufgrund dieser Formulierung.

Lieber Leser, tut mir Leid, wenn ich an dieser Stelle kurz unterbreche, aber haben Sie diesen Satz schon mal gehört und sich nicht auch gefragt, was das eigentlich bedeuten soll?

Ich muss mich selbst finden.

Ein wahrer Klassiker.

Doch was ist damit eigentlich gemeint? Sind sie blind und haben vergessen, wo sie herumlaufen und finden sich nicht mehr selbst? Oder haben sie ihre Brille vergessen und sehen sich selbst im Spiegel nicht scharf genug?

Spaß beiseite. Ich denke, dass in den meisten Fällen damit eine Umschreibung dessen gemeint ist, herauszufinden, was man denn wirklich will. Mit "sich selbst finden" ist gemeint, in sich zu gehen, alleine zu sein, nicht von Beziehungschaos abgelenkt zu sein und für sich selbst herauszufinden, wer man ist, was man will und wohin die Reise gehen soll.

Habe ich das einigermaßen gut formuliert? Ich denke, dass zumindest die meisten Menschen diese Formulierung in etwa so akzeptieren würden.

Jetzt gibt es da aber ein Problem. Und zwar, dass es einfach totaler Schwachsinn in einem derartigen Kontext ist. Eine Abzeichnung der eigenen Unfähigkeit, in einer Beziehungssituation in klaren Worten zu sprechen.

Denn "sich selbst finden" ist vielleicht noch in der Pubertät und generell in der Findungsphase eines Menschen akzeptabel, der sich gerade zu einer vollständigen Persönlichkeit entwickelt. Aber meines Erachtens nicht mehr in höherem Alter, wo wir alle sowohl körperlich als auch im Kopf zumindest in bestimmten Bereichen erwachsen geworden sein sollten.

Wenn also ein 17-Jähriger gerade herausfindet, ob er nicht doch auf Jungs steht oder ob er Jura studieren soll oder doch lieber eine Lehre anfangen will, so ist er in einer Findungsphase.

Aber bitte nicht eine Frau Ü40, die bereits verheiratet war, zwei Kinder hat und mitten im Berufsleben steckt.

Ich bitte Sie, lieber Leser, sollten Sie planen, in nächster Zeit mit Ihrem Partner Schluss zu machen, dann nutzen Sie nicht die absolut unreifen, unsinnigen und inhaltslosen Worte "Ich muss mich selbst finden", die nur Charakterschwäche verdeutlichen, sondern nennen Sie das Kind doch einfach beim Namen!

Sagen Sie, dass sie mit einer offenen Beziehungsform nicht klarkommen. Dass Sie finden, dass Sie nicht zusammenpassen oder dass Sie ein Betrüger sind und fremdgegangen sind. Was auch immer es ist, sagen Sie es doch einfach! Aber sagen Sie bitte nicht "Ich muss mich selbst finden"!

"Das war letzte Woche", knurrte Olaf. "Und dann hat sie mich gestern wieder angeschrieben, ob wir nicht nochmal über alles reden können, weil sie mich eigentlich so sehr liebt und es so schade fände, wenn alles kaputt geht.
Aber eigentlich habe ich keine Lust mehr."

Lassen Sie mich an dieser Stelle doch abkürzen.
Das Ganze ging noch eine lange Weile weiter. Sie trafen sich nochmal, hatten nochmal was miteinander, dann kamen wieder Streitereien, wegen Sandy, wegen des Anwalts, wegen Mandy... Ich verlor selbst den Überblick.
Letztendlich konnte Nina Olaf auch hier nicht loslassen, ähnlich wie Ronald bei Nadine. Die ganze Geschichte ging noch monatelang, wobei irgendwann nur noch Emails verschickt wurden, die zwischen "Ich tue mir selbst noch etwas an" (Olaf rief einen Krankenwagen zu ihrer Wohnung, was sie in eine peinliche Situation brachte) und "Ich liebe dich immer noch" hin- und her schwankte.
Was hier beschrieben wurde, ist natürlich der Extremfall einer "offenen Beziehung", wobei beide Beteiligten sehr merkwürdige Ansichten mit dem Umgang in dieser Situation hatten.

Dennoch bin ich generell der Meinung, dass allein der Begriff "offene Beziehung" schon ein Widerspruch in sich ist. Wenn etwas so "offen" ist, ist es für mich keine richtige Beziehung mehr.

Ich habe noch nie erlebt, dass eine offene Beziehung wirklich für immer funktioniert. Im Normalfall machen sich die Beteiligten immer etwas vor.

Denn im Normalfall will eine Person, die eine andere wirklich liebt und begehrt, diese Person möglichst für sich. Sie will viel Zeit mit der Person verbringen, mit der Person schlafen, die Aufmerksamkeit und Liebe der Person zurückbekommen. Und zwar hauptsächlich für sich.

Wenn andere Geschlechtspartner vorhanden sind, muss auch geteilt werden. Dabei geht es ums Aufteilen der gemeinsamen Zeit, der Aufmerksamkeit, der Zuneigung und der körperlichen Aspekte. Selbst wenn jemand vorgibt, dass es ihm nichts ausmacht, dass der Partner mit einem anderen schläft (oder es jemandem wirklich nichts ausmacht, was für mich zwangsläufig mit einer saftigen Portion von Oberflächlichkeit, Empathielosigkeit und Gleichgültigkeit verbunden ist), werden die anderen Aspekte irgendwann zu Störfaktoren werden.

Die andere Person verbringt Zeit mit jemandem, aber nicht mit mir. Die andere Person schenkt jemandem Aufmerksamkeit, aber nicht mir. Die andere Person schläft mit jemandem, aber nicht mit mir.

Natürlich können Sie jetzt sagen: Na gut, dann schlafe ich in der Zeit, in der mein Partner jemand anderem Aufmerksamkeit schenkt, Zeit verbringt oder Sex hat, eben selbst mit einer anderen Person und alle sind glücklich.

Aber wann hat das je auf langfristige Sicht funktioniert? Meines Erachtens und auch meiner Erfahrung nach bei unzähligen Bekannten, kommt irgendwann der Tag X, an dem ein potentielles Gleichgewicht in eine Richtung verschoben wird. Person A lernt plötzlich Person C kennen, mit der sie sich außerordentlich gut versteht und ganz besonders oft ins Bett geht. Daraus entwickelt sich mehr als nur eine reine Bettgeschichte. Person B wird plötzlich unzufrieden, trotz eigener Partner D, E und F, und ein Maß an Eifersucht und Unzufriedenheit entsteht. Und diesem Quell entspringt das baldige Aus für die Beziehung, die meiner Meinung nach sowieso nie eine war, weil sie oberflächlich, zweckbedingt und ohne wirkliche, aufrichtige Liebe zum Partner war.

Es ist ja auch logisch: Selbst, wenn man eine Vereinbarung mit einem Partner hat, dass andere Geschlechtspartner erlaubt sind, steigt die Wahrscheinlichkeit sehr stark, durch ständige (Sex)kontakte weitere Personen kennenzulernen, die für die Beziehung eine Gefahr darstellen können.

Meiner Erfahrung nach können Menschen grundlegende negative Charakterzüge wie Eifersucht, Neid, ständiges Lügen und Misstrauen schlichtweg nicht so leicht ablegen. Umso selbstverständlicher ist es, dass der ständige Kontakt mit anderen Geschlechtspartnern irgendwann einen dieser Charakterzüge bei Person A oder B oder sogar C auslösen wird.

Eine weitere Sache sind monogame Beziehungen, die irgendwann in polygame Beziehungen umgewandelt werden. Ich alleine kann etwa sieben oder acht Fälle aus meinem Umkreis nennen, in denen dies umgesetzt wurde und nach wenigen Folgewochen zum Scheitern verurteilt war.

Da gibt es zum Beispiel die Fotografin, die den Trucker heiratete und nach einem Jahr Ehe entschied, dass er einfach nicht oft genug da war. Eine polygame Beziehung wurde vorgeschlagen und die Scheidung kam einige Monate später.

Dann gibt es da noch das Paar, das seit über 10 Jahren eine feste monogame Beziehung führte, bis plötzlich der Mann nicht mehr so recht wollte. Lass uns eine offene Beziehung probieren, meinte er, wobei die Dame nicht sehr glücklich war, dem aber zustimmte. Einen Monat später war auch hier Schluss, da der Mann eine neue Frau hatte und seine ehemalige Partnerin niemanden.

Dies bringt mich auch zu der klaren Aussage, dass diese angeblichen Versuche, die monogame Beziehung aufrecht zu erhalten, lediglich Ausreden für das Freifahrtsticket zum Fremdgehen in legaler Form darstellen.

Lassen Sie es mich so unverblümt wie möglich sagen: Wenn Sie in einer Beziehung sind und ihr Partner plötzlich eine polygame Beziehung will, ist die Beziehung soeben beendet worden. Ihr Partner möchte einen Freifahrtschein zum Coitus, ohne sich direkt von gewohnten (und oftmals ja auch sehr bequemen) Beziehungsumständen in der bisherigen Beziehung lösen zu wollen. Natürlich kommt er noch gerne nach Hause und isst mit Ihnen (wenn Sie eh schon gekocht haben) und lädt den Ballast des anstrengenden Arbeitstages bei Ihnen ab, wenn er um 9 Uhr abends noch zu Cindy fahren und eine Nummer schieben kann, auf die er mit Ihnen keinen

Bock mehr hat, weil Sie ihm mittlerweile zu langweilig geworden sind.

Man könnte den entsprechenden Personen zugute halten, dass sie nicht einfach fremdgegangen sind, sondern wenigstens erstmal in der Beziehung Bescheid gegeben haben. Aber ich denke, Sie hören die Ironie in meiner Stimme, denn das Resultat ist ja dasselbe:

Ihr Partner hat genug von Ihnen, die Beziehung ist vorbei, im Bett ist mindestens einseitig Langeweile angesagt und es heißt "Auf zu neuen Gewässern". Das klingt vielleicht etwas kalt, aber machen Sie sich diese Tatsache bewusst.

Wenn Sie nun sagen: Da gibt es aber doch Martin und Luise, die führen seit 7 Jahren eine offene Ehe, bei denen funktioniert es doch auch.

Glauben Sie mir, vielleicht nicht in einem, vielleicht auch nicht in fünf Jahren, aber dann in 10 Jahren wird der Tag kommen, an dem auch diese Beziehung aufgrund eines anderen Partners in die Brüche geht. Zudem ist die Frage sowieso, ob Martin und Luise nicht schon seit einigen Jahren eine reine Zweckehe führen, die nur auf dem Papier existiert und bei der in Wirklichkeit im Bett Totenstille herrscht. Zumindest im Ehebett.

Meiner Ansicht nach (Sie müssen diese natürlich nicht teilen und können mich für altmodisch halten, aber ich bin fest davon überzeugt.) ist es alles ganz einfach:

Sie lieben und begehren jemanden wirklich und diese Person Sie ebenfalls: Dann sind Sie auch bereit, eine monogame Beziehung zu führen und wollen es auch gar nicht anders, denn Sie wollen Ihren Partner für sich und er Sie für sich selbst!

Sie lieben und begehren jemanden wirklich, wollen aber auch andere Geschlechtspartner: Denken Sie nochmal drüber nach, ob Sie die Person wirklich lieben und begehren, denn wenn, brauchen Sie keine anderen Geschlechtspartner.

Sie lieben und begehren jemanden wirklich, diese Person will aber auch andere Geschlechtspartner: Sparen Sie Ihre Zeit, er liebt und begehrt Sie nicht so sehr wie Sie ihn und das unsinnige Konstrukt einer "offenen Beziehung" wird früher oder später sowieso zerbrechen.

Error 4: Zu geringes Selbstwertgefühl: Ich finde nichts Besseres

Springen wir nun einmal ein Stückchen weiter zurück in der Zeit.

Es war Sommer und ich saß mit herabgelassenen Jalousien auf der Couch. Vor mir stand ein Ventilator. Rausgehen stand außer Frage. Es war einfach zu heiß. Ich konnte eigentlich nur dasitzen und den Tag mit Netflix verstreichen lassen.

Eine Folge von Sons of Anarchy war gerade zu Ende, als Rina per Whatsapp schrieb.

Ein paar kurze Worte zu Rina: Es handelt sich um selbige Katrina, die sich von Olaf im Aufzug hatte küssen lassen. Ein etwas molliges, aber nicht wenig selbstbewusstes Mädchen mit blonden Haaren, sehr großen Brüsten und ehemalige beste Freundin meiner letzten Ex-Freundin.

Nicht, dass die sehr großen Brüste an dieser Stelle relevant wären, aber im späteren Verlauf von Rinas Geschichten sind sie unter Umständen noch bedeutend. Hinzu sei erwähnt, dass sich Rina deutlich erkennbar stark über jene Größe definierte und nicht ungern vermerkte, dass ihr ja beispielsweise wieder jemand in der Tram auf die Hupen gestarrt hätte.

Ich stoppte die nächste Folge, die gerade angefangen hatte und las, was sie geschrieben hatte.

"Hey, ich wollte nur mal die Adresse durchgeben, bei der ich gleich bin, falls du nichts mehr von mir hören solltest." Es folgte eine Adressangabe und ebenso eine Erläuterung: "Ich habe mich mit einem Kerl verabredet und heute ist unser erstes Date. Wir treffen uns direkt in seiner Wohnung. Also, falls keine Antwort mehr kommt und er ein Mörder ist, der mich dann in Stücke sägt, weißt du wo du die Polizei hinschicken musst, haha!"

Ich richtete mich auf der Couch auf und überflog nochmal die Nachricht.

Erstes Date? Bei ihm in der Wohnung? Geht's noch?, dachte ich mir.

"Dir ist schon klar, was der da versuchen will", schrieb ich. "Wieso trefft ihr euch nicht erstmal auf neutralem Boden, wie man das so macht?"

"Ja, schon klar", schrieb Rina zurück. "Der hat schon alles mögliche geschrieben. Was er alles mit mir anstellen will und wie er es mir besorgen will. Mal sehen ob er das dann auch in die Tat umsetzt."

Ich zog die Augenbrauen hoch. Es war mir unverständlich, wieso man sich auf so etwas einließ. Schließlich kannte sie diesen Kerl nur per Internet und wusste überhaupt nichts über ihn, hatte aber nichts besseres zu tun, als sich direkt in seine Wohnung zu begeben. Zudem, selbst wenn er kein Serienkiller war, wovon man nun ausging, war offensichtlich, dass er sie nur ins Bett kriegen wollte und mehr nicht. Offensichtlich war Rina damit aber zufrieden. Und das, obwohl sie ihn noch nicht einmal je zuvor gesehen hatte außer auf Fotos.

"Ok, verstehe zwar nicht, wieso du so etwas machst, aber gut. Und geh einfach, wenn es dir zu komisch wird oder er dich bedrängt oder sowas." Ich legte das Handy beiseite.

Eine Stunde später kamen weitere Nachrichten von Rina.

"Irgendwie ist er ganz schön aufgedreht. Er versucht, mich mit Bier abzufüllen. Jetzt ist er gerade auf dem Klo. Irgendwie fühle ich mich unwohl."

Was dachtest du denn, was passieren würde?, dachte ich und seufzte.

"Dann geh", hackte ich in die Tasten des Handy-Keyboards. "Was sitzt du da noch länger herum, wenn du dich unwohl fühlst? Pack dein Zeug und hau ab. Sag ihm, dass es dir zu schnell geht. Oder sag gar nichts und geh einfach, du bist ihm ja keine Rechenschaft schuldig."

"Ja, du hast recht. Naja, ich trink erstmal das Bier aus und dann gehe ich…", schrieb Rina zurück.

Ich warf das Handy achtlos auf die Couch und schaute weiter Sons of Anarchy.

Nach zehn Minuten vibrierte das Handy schon wieder.

Ich verdrehte die Augen und starrte auf das Display.

"Es wird mir einfach zu viel! Er wird aufdringlich! Er sagt ständig: Jetzt trink doch noch einen Schluck. Na komm schon! Einer geht noch. Er will mich offensichtlich abfüllen! Der wartet nur noch drauf, bis ich dicht bin und die Beine breit mache!"

"Wie kannst du überhaupt ständig schreiben?" Das interessierte mich.

"Na, er holt grad noch ein Bier", kam es zurück. "Aber ich will das jetzt nicht mehr. Ich gehe!"

Dann mach es doch endlich, dachte ich.

Tatsächlich tat sie es und es passierte auch nichts mehr. Lediglich ein Kommentar kam noch per Whatsapp: "Oh Mann, so etwas mache ich nie wieder! Der wollte mich nur flachlegen. Männer sind halt doch irgendwie alle gleich und wollen nur das eine!"

Lieber Leser, wenn Sie jetzt eine spannende Pointe erwartet hatten, tut es mir leid, Sie enttäuscht zu haben.

Allerdings muss man ja nun mal sagen, dass die komplette Geschichte selbst schon die Pointe ist. Wie kann jemand überhaupt auf die Idee kommen, ein erstes Date direkt in der Wohnung einer fremden Person zu veranstalten, insbesondere als Frau bei einem Mann, der bereits mit sexuellen Anspielungen um sich geworfen hat?

Anders gesagt: Hat dir deine Mutti denn gar nichts beigebracht, Rina?

Die Schuld dann auf das andere Geschlecht zu schieben, das doch immer nur das eine will, ist natürlich sehr einfach, zeugt aber insbesondere auch von einem geringen Selbstwertgefühl.

Denn wenn jemand ein ausgewogenes Selbstwertgefühl hat, wird er auch gewisse Ansprüche haben. Einer dieser Ansprüche wird sein, sich auf neutralem Boden mit einem potentiellen Partner zu treffen, um diesen erst einmal unter die Lupe zu nehmen.

Wer ein ausgewogenes Selbstwertgefühl hat, geht nicht sofort mit der nächstbesten Person ins Bett, in deren Wohnung oder sonstwohin. Das gilt sowohl für Mann als auch für Frau.

Andersherum gesagt ist für mich eine Person, die sofort mit jemandem in die Kiste steigt, eine Person ohne höhere Ansprüche und somit eine Person mit geringem Selbstwertgefühl.

Aber diese Geschichte dient eher als Einleitung zur Geschichtensammlung Rina.

Lassen Sie mich die Sache noch ein wenig mehr ausführen, um zu erläutern, was ich zum Thema geringes Selbstwertgefühl zu sagen habe.

Donnerstag Abend, etwa ein Jahr später.

Rina, ich und ein gemeinsamer Kumpel Jonas waren gerade im Siege-Club. Es spielte gerade eine Rock-Band im Nebenraum, deren Namen ich vergessen hatte. Aber die interessierte uns auch nicht, weil Rina gerade von einem Kerl redete.

"Ist der blöd", wetterte sie gerade. "Der denkt wirklich, er ist der Geilste!"

Jonas und ich schauten uns bezeichnend an.

"Schau mal, was er mir für ein bescheuertes Video geschickt hat!", stieß Rina aus und drückte bei ihrem Handy auf "Play".

Zu sehen war ein eher kleinerer Kerl mit schmierigem Gesichtsausdruck. Er trug ein weißes Hemd, hatte blonde kurze Haare und einen blonden Vollbart. Er grinste unentwegt. Es wirkte von oben herab.

Entscheidend war jedoch sein Verhalten. Wie in einem Werbevideo für eine Modelagentur drehte er sich hin und her und schließlich zur Seite, sodass man sein Profil besser erkennen konnte. Zumindest sah ich dort die mögliche Intention. Zum Ende des Videos wackelte er mit dem Arm. Eine goldene, protzige Armbanduhr bewegte sich leicht hin und her. Es wirkte wie in einem Rapper-Video, wo der Protagonist mit Goldketten und Emblemen als Statussymbolen sein Image aufwerten will.

"Oh Mann", stöhnte ich. "Wirkt das billig. Was will er damit erreichen. Dass du ihn jetzt toll findest wegen seiner teuren Uhr?"

"Ja, oder?" Rina schüttelte den Kopf. "Total idiotisch. Ich glaube, dem antworte ich einfach nicht mehr. Kein Bock."

"Wieso nicht mehr antworten?" Ich sah sie an. "Immer dieses blöde nicht mehr antworten. Schreib ihm doch einfach, dass er nicht dein Typ ist und du kein Interesse hast. Was ist so schwer daran?"

Rina zögerte. "Ja, ach keine Ahnung. Ich hab da schon einfach gar keine Lust mehr. Ich glaube, ich lasse es einfach."

Zwei Wochen später um die gleiche Zeit waren wir wieder zu dritt im Siege-Club. Rina hatte gerade drei Becks geholt und wir redeten über verschiedene Themen, während wir so herumstanden.

Schließlich schaute sie in eine Richtung gegenüber der Club-Toilette.

"Was ist da?", wollte ich wissen.

"Naja, ich habe ja eigentlich mit einem Typen geschrieben und der wollte heute auch kommen."

"Also habt ihr euch hier verabredet oder was?"

"Nein, nicht direkt. Wir haben nur so geschrieben. Und dass wir beide heute hier sind und man sich vielleicht sieht."

Mir war nicht ganz klar, wieso man keine konkrete Verabredung vereinbaren konnte, aber bevor ich weiter darüber nachdachte, meldete sich Rina schon wieder zu Wort.

"Ich glaube, da drüben ist er. Hey, stell dich mal hier hin!"

"Hä?" Ich war verwirrt. "Willst du zu ihm rüber gehen und ihm Hallo sagen? Ich kann ihn auch herholen, wenn du willst."

"Nein, lass es! Stell dich mal hier hin!"

Rina zog mich etwas mehr in die Mitte des Raumes und fing plötzlich an, an mir herumzutanzen. Gleichzeitig schaute sie im Sekundentakt hinüber an die Stelle, an der sich vermutlich der besagte Kerl befinden musste.

"Was machst du da?", fragte ich verwirrt und verzog das Gesicht.

"Er soll herschauen", keuchte Rina. "Ich will ihn eifersüchtig machen!"

"Eifersüchtig?", schrillte ich. "Was redest du da!"

"Ich will, dass er mich mit einem anderen Mann tanzen sieht. Dann wird er vielleicht mehr auf mich aufmerksam!" Rina gab alles.

Ich selbst bewegte mich nicht und sah ungläubig das Schauspiel an.

"Wie kommst du auf die Idee, dass so etwas funktioniert?", meinte nun auch Jonas. "Wieso sollte dich jemand, wenn er dich mit einem anderen Mann tanzen sieht, interessanter finden oder gar ansprechen?"

"Genau!", bestätigte ich. "Wenn ich eine Frau sehen würde, die mit einem anderen Kerl tanzt, würde ich mir sowieso erstmal denken, dass sie vielleicht seine

Freundin ist und somit schon vergeben. Und selbst wenn nicht, würde ich denken, sie ist schon bedient. Wieso sollte ich dann auf sie eifersüchtig sein oder sie ansprechen…"

"Ja, ja, kann schon sein", sagte Rina gedehnt, tanzte jedoch unbeirrt weiter. "Mann, jetzt schau doch mal her! Der schaut nicht her! Ob er mich schon erkannt hat? Vielleicht hat er mich einfach noch nicht erkannt!"

Jonas und ich sahen uns an und schüttelten die Köpfe.

Irgendwann gab Rina auf. "Er schaut einfach nicht her. Jetzt ist er in den anderen Raum gegangen. Keine Ahnung, was mit dem ist!"

"Was ist denn eigentlich mit dem Typen, den du mir in diesem Video vor zwei Wochen gezeigt hast?", fragte ich spontan. "Hast du jetzt nochmal mit dem geschrieben oder nicht?"

"Wer? Ach der, aus dem Video." Rina trank einen Schluck aus ihrem Becks. "Ja, den treffe ich Dienstag Abend."

"Treffen? Dienstag Abend?", platzte es aus mir heraus. "Ich...dachte, du findest den so bescheuert. Wegen dieses Videos und so!" Ich konnte es nicht glauben.

"Ja, ach, ich weiß. Aber das ist ja auch einfach nur so. So zum Bumsen."

Einfach nur so. So zum Bumsen, echote es in meinem Kopf.

Ja, lieber Leser, vielleicht haben Sie mittlerweile schon ein deutlicheres Bild, weswegen ich im Zusammenhang mit geringem Selbstwertgefühl gerne von Rina rede.

Denn welcher vernünftige Mensch, der ein wenig Selbstwertgefühl besitzt, erniedrigt sich denn so wie Rina?

Aus lauter Verzweiflung, irgendwie gesehen oder beachtet zu werden, fängt sie an, einen Eifersüchtig-Mach-Versuch zu starten, ohne jegliche Begründung, dass dies funktionieren oder irgendeinen nennenswerten, brauchbaren Effekt haben könnte. Als wäre das nicht genug, lässt sie sich dazu herab, einen Herrn, den sie selbst vor zwei Wochen als unbrauchbar abgestempelt hatte, "nur zum Bumsen" an sich heranzulassen. Offensichtlich war gerade kein anderer zur Hand.

Ich denke, das ist in Sachen geringe Ansprüche und somit auch geringes Selbstwertgefühl schwer zu übertreffen.

Es gab noch einige weitere nennenswerte Geschichten, deren Ausführungen jetzt jedoch den Rahmen dieses Buches sprengen würden.

Zusammengefasst wäre da auf jeden Fall das wiederholte ins Bett hüpfen mit ihrem Ex-Freund, sofern er mal wieder zu Lande war, das permanente erste Date direkt in Wohnungen der Kandidaten oder mindestens mit direktem Sex nach dem ersten Treffen.

Gefunden hat Rina ihr Glück natürlich immer noch nicht.

Ich möchte nicht zwangsläufig Sex beim ersten Date und One-Night-Stand in einen Topf werfen.

Wenn Sie einen One-Night-Stand suchen und sich mit solch einem zufriedengeben, ist daran nichts Verwerfliches, solange Ihnen das etwas gibt.

Bei Sex beim ersten Date jedoch gehe ich davon aus, dass weitere Dates folgen und unter Umständen auch eine Beziehung entsteht.

Doch was für einen Eindruck macht eine Frau, wenn sie direkt beim ersten Date mit einem Mann in die Kiste hüpft? Genau, sie erweckt den Eindruck, dass dies für sie normal ist, es nichts besonderes ist und sie es vermutlich mit anderen Partnern ebenso handhabt.

Dies senkt zwangsläufig das Image der Frau, sprich, wie Männer darüber denken. Wenn Männer von einer Frau reden, die sofort mit jedem ins Bett geht, wird schnell ein klarer Konsens getroffen: Die Frau ist leicht zu haben. Die ist eine, die kannst du schnell mal mitnehmen. Die geht leicht mit jedem ins Bett. Bei der musst du dich nicht anstrengen.

Dies hat nichts mit Sexismus oder einseitiger Denkweise zu tun, sondern ist schlichtweg eine logische Konsequenz. Wenn eine Frau sich auf diese Weise selbst reduziert oder sich aufgrund ihres geringen Selbstwertgefühls auf dieses Niveau reduziert hat, wird sie auch weiterhin in diese Schublade gesteckt werden.

Wenn Rina, die eigentlich auch eine ernste Beziehung sucht, direkt beim ersten Date mit jedermann in die Kiste hüpft, sodass es sich auf Lovoo schon herumgesprochen hat, wie soll derjenige sie dann als anspruchsvoll sehen? Wie soll er sie als ernstzunehmende, anspruchsvolle Frau sehen, die Niveau hat, für die er etwas tun muss und für die man auch ein wenig kämpfen muss?

Natürlich stellt auch Rina einen Extremfall dar (mit ca. 20-25 wechselnden Männern pro Jahresquartal), aber Extrembeispiele lassen sich eben besser benutzen, um Archetypen zu erläutern.

Wenn Sie jetzt sagen, dass meine Sichtweise einseitig, altmodisch und prüde ist und Sie als moderne Frau sehr wohl ins Bett gehen können wann und mit wem Sie wollen und das auch beim ersten Date, können Sie das schon tun.

Aber ich muss Sie darauf hinweisen, dass es auch hier nicht auf ein Geschlecht bezogen ist (nicht dass Sie wieder denken, ich möchte nur über Frauen wettern, die ständig mit jedem ins Bett hüpfen. Es geht hier genauso um Männer).

Ich habe von vielen anspruchsvollen Frauen mit gesundem Selbstwertgefühl gehört, dass sie sich von Männern, die viele Frauen haben bzw. hatten oder ständig nur One-Night-Stands haben, schlichtweg nicht angezogen fühlen. Deswegen, weil es sie abschreckt und sie nicht daran glauben, dass diese Männer zu längeren Beziehungen oder ernsthaften Bindungen fähig sind. Dies ist eine völlig natürliche und gesunde Sichtweise und schützt uns im Grunde lediglich vor Enttäuschungen, Rückschlägen oder Fehlinvestition von Zeit, Geld und Energie.

Eigentlich wurde nun schon alles zum Thema geringes Selbstwertgefühl gesagt, aber lassen Sie mich Ihnen eine weitere kleine Geschichte von Rina nicht vorenthalten, wo wir schon dabei sind.

Vor allem wo ich doch vorhin Rinas große Brüste erwähnt habe und Sie sich bestimmt noch fragen, welche Rolle diese nun spielen.

Es war Samstagabend und wir waren mit einigen Leuten im R7-Club. Rina hatte sich in ein enges Korsett gequetscht, was meiner Meinung nach eher unvorteilhaft aufgrund ihrer etwas kräftigeren Figur wirkte.

Andere Männer schienen das nicht so zu sehen. Ebensowenig Roberto, ein langjähriger Bekannter von Rina.

Roberto war groß, hatte breite Schultern, eine Glatze und war von eher vorlauter Natur. Ab und zu legte er in einem der Floors des R7-Clubs auf. Es stand ihm auf die Stirn geschrieben, dass er eher weniger der Typ Mensch war, der einen Anzug trug und sich über Betriebswirtschaftslehre unterhielt. Eher war er der Typ Mann, der laut "Saufen! oder "Titten!" schrie.

Genau letzteres tat er auch gerade, als er auf uns zugestürmt kam und uns begrüßte. "Geil siehst du heut mal wieder aus, Rina...muss ich schon sagen", kam es plump von ihm. "Und was du da anhast..." Er starrte unverblümt auf Rinas Oberweite, bevor er sie umarmte und dabei ihren Hintern kniff.

Rina schob ihn ein wenig überrumpelt von sich und lachte verlegen. "Danke, danke", gab sie von sich. "Wie geht es dir denn?"

"Gut, gut. Ich muss schon mal in den dritten Floor, ich leg' ja nachher auf." Robert verschwand so schnell wie er gekommen war.

Rina wirkte auf der einen Seite geschmeichelt ob der Komplimente, auf der anderen sah man in ihrem halbherzigen Lächeln, dass ihr doch nicht ganz wohl dabei war.

Der Abend verstrich mit durchschnittlicher Musik und Stimmung. Einige Bekannte waren bereits gegangen, während andere stark angetrunken über die Tanzfläche torkelten.

Schließlich entschieden wir uns, ebenfalls nach Hause zu gehen.

Wir stande gerade an der Garderobe, um unsere Jacken abzuholen, als es plötzlich einen lauten Knall gab.

"Au!", schrie Rina laut auf.

"Rina, du geile Sau!", stieß Roberto aus. "Kommt gut nach Hause, ich wünsch euch was!"

Bevor wir kapiert hatten, was passiert war, war Roberto auch schon wieder verschwunden.

"Was ist denn passiert?", fragte ich.

"Er hat mir auf den Arsch gehauen. Aber so richtig fest!" Rina rieb sich den Hintern. Normalerweise war sie nicht zimperlich, aber es schien ihr wirklich weh zu tun.

"Geht's noch?" Ich war entrüstet. "Was bildet der sich ein, sowas finde ich unmöglich!"

"Ich würde ja nichts sagen, wenn es nicht so fest wäre. Aber das tat nun wirklich weh!"

Ich schüttelte den Kopf. "Wie nichts sagen, wenn es nicht so fest wäre. Der hat dir überhaupt nicht auf den Hintern zu hauen. Er braucht dich nicht begrabschen, ganz einfach. Lass dich nicht so behandeln."

"Naja, der ist das gewöhnt, das macht der eigentlich immer so, wenn wir uns begrüßen. Das ist halt so seine Art. Aber diesmal war es einfach too much!" Rina verzog das Gesicht.

"Was heißt da der ist immer so, wen interessiert das, wie er immer ist? Er hat sich nicht so zu verhalten. Hätte er das bei meiner Freundin gemacht, hätte ich ihm eine betoniert. Und sie ihm vermutlich auch. Der macht das nur mit dir, weil du dich auch so behandeln lässt! Wenn du sowas zulässt, ist doch klar, dass er es immer wieder macht und dich quasi behandelt wie so ein Flittchen, mit dem er machen kann, was er will. Du hast ihm anscheinend nie deutlich gesagt, dass er seine Wichsgriffel mal wegstecken soll, weil du sonst die Security holst. Stattdessen lachst du verlegen und redest noch normal mit ihm, als hätte er gar nichts gemacht. Natürlich macht er es dann wieder. Setze mal deine Grenzen deutlicher!"

"Ja, du hast schon recht. Ich darf mich nicht so behandeln lassen. Aua!" Rina zog mit missmutigem Gesichtsausdruck ihre Jacke an. Zusammen mit den anderen verließen wir den Club.

Einige Monate später waren Rina, ich und einige andere Bekannte zu einer Geburtstagsfeier eingeladen. Es war ein kleines, rundes gemietetes Gebäude im Park mit etwa fünfzig Besuchern.

Wir wollten relativ früh wieder weg und verabschiedeten uns von einigen Leuten.

Kurz bevor wir gingen, kam Roberto her, um sich auch noch zu verabschieden.

Ausnahmsweise war er heute mal nicht überdreht, sondern erstaunlich ruhig und höflich.

"Hat mich sehr gefreut, euch mal wieder hier zu sehen", sagte er lächelnd und schüttelte unter anderem meine Hand. "Kommt gut nach Hause, man sieht sich!"

Er ging auch zu Rina und umarmte sie. Er ließ sie aber nicht los, sondern drückte sie fest. Sein Kopf war verhältnismäßig nahe an ihrem, fast angeschmiegt, bis ich bemerkte, dass er ihr etwas ins Ohr zu flüstern schien.

Dann löste er sich, hob noch einmal die Hand und verschwand.

Langsam schlenderten wir aus dem Vorraum des Hauses nach draußen.

Rina lächelte geschmeichelt.

"Was hat der denn gesagt?", wollte ich wissen. "Der hat dir doch irgendwas ins Ohr geflüstert?"

"Ach, nichts, nichts!" Rina winkte ab und grinste immer noch.

Eine kurze Pause.

"Irgendwie ist er ja schon cool, der Roberto", kam von ihr schließlich. "Vielleicht muss ich doch auch mal mit ihm bumsen."

"Mit ihm bumsen?", platzte es aus mir heraus. Ich konnte nicht glauben, was ich da gerade gehört hatte.

"Na, einfach so. Freundschaftssex sozusagen."

Freundschaftssex. Ich zog die Augenbrauen nach oben und schloss meinen offenen Mund. Ich sagte nichts mehr.

Ja, lieber Leser, vielleicht können Sie mir ja diese Logik erklären, weshalb man plötzlich mit der Person "Freundschaftssex" haben will, die einen bislang schon oftmals begrabscht und bedrängt hat und der gegenüber man sich eigentlich negativ ausgesprochen hat.

Wir wissen nicht, was Roberto Rina dort ins Ohr geflüstert hat. Tatsache ist, dass Roberto ebenfalls eine "offene Ehe" praktiziert hat und ihr vermutlich ein Angebot zugeflüstert hat. Zusammen mit den Worten, wie toll Rina heute abend mal wieder aussähe oder dergleichen. Dies reichte vermutlich schon aus, um Rina genug zu schmeicheln und umzustimmen. Ich denke, wir sind einer Meinung, dass eine Person mit höheren Ansprüchen und einem größeren Selbstwertgefühl bereits längst das Weite in Bezug auf Roberto gesucht hätte.

Rina schien permanent unter dem Problem zu leiden, dass sie dachte, nichts besseres bekommen zu können. Sie gab sich mit wenig zufrieden, Hauptsache, die Person passte halbwegs in ihr Raster oder schenkte ihr genug Aufmerksamkeit. Dies konnte auf reine sexuelle Aufmerksamkeit beschränkt sein, wie bei Roberto.

In unzähligen Gesprächen und minutenlangen Whatsapp-Sprachnachrichten versuchte ich, Rina immer wieder die gleiche Botschaft zu vermitteln. Dass sie ihre Ansprüche steigern sollte. Dass sie sich selbst gegenüber Männern anders verhalten sollte. Dass sie auch mal als Single klarkommen sollte und irgendwann würde schon einer kommen, der für mehr zu gebrauchen war, als nur eine Nummer direkt in seiner Wohnung nach dem ersten Date.

"Ja, du hast Recht. Wenn du redest, klingt das alles immer so vernünftig und richtig", antwortete Rina per Sprachnachricht. "Ich kann nicht immer das Gleiche machen und denken, dass sich dann etwas ändert."

Zwei Wochen später hatte sie ihr nächstes Tinder-Date. Natürlich schlief sie direkt danach mit dem Mann, der sich eine Woche später nicht mehr bei ihr meldete.

Einmal gingen wir zu zweit durch den Park und unterhielten uns über das ganze Beziehungsthema. Ich war zu diesem Zeitpunkt gerade frisch von meiner Exfreundin getrennt.

Ich hatte mich gerade beschwert, dass es so schwer sei, jemanden zu finden, der es überhaupt noch ernst meint.

"Vergiss es", sagte Rina. "So jemanden gibt es nicht mehr, glaub mir. In der heutigen Zeit ist es noch schwieriger. Die Leute sind eben alle so oberflächlich. Die wollen nur noch schnelle Beziehungswechsel, sich nicht festlegen, offene Beziehungen und so. Und die, die es nicht wollen, die sind halt schon alle vergeben. Klar, wenn jemand mit 25 oder 30 in einer Beziehung steckt, die funktioniert, gibt's den halt auch nicht mehr am Markt."

Ich war nicht bereit, das zu akzeptieren.

Wie sich etwa ein Jahr später herausstellte, musste ich das auch nicht.

Auch Sie müssen das nicht, lieber Leser, falls Sie diese Gedanken auch schon hatten.

Auch wenn es kitschig klingt: Irgendwo dort draußen gibt es auch den Partner, der zu Ihnen passt. Sie müssen nur genug Geduld haben, sich darüber im Klaren sein, was sie wirklich wollen und IhreAnsprüche auf das steigern, was Ihnen viel bedeutet. Wichtig ist auch, dass sie von diesen Ansprüchen nicht abweichen. Oft sind wir genau dazu verleitet, wenn wir eine neue Person kennenlernen, die uns gefällt. Wir denken dann, dass es schon OK sei und man ja Kompromisse eingehen muss. Man kann ja nicht alles haben.

Doch, lieber Leser, das können Sie sehr wohl!

Man kann alles haben!

Lassen Sie die Finger von Optionen, bei denen der Beziehungsbeginn schon mit Problemen und Komplikationen behaftet ist. Wenn ein Mensch toll aussieht und Ihnen sympathisch ist, Sie aber einen unangenehmen Beigeschmack aufgrund einer bestimmten Tatsache haben, dann lassen Sie es!

Eine gute und langfristige Beziehung hat keinen unangenehmen Beigeschmack!

Kommen Sie damit klar, dass Sie doch noch ein paar Monate oder sogar Jahre länger Single sein könnten, statt doch das Nächstbeste zu nehmen, nur um überhaupt jemanden zu haben.

An dieser Stelle sei noch erwähnt, dass ich mittlerweile keinen Kontakt mehr zu Rina habe.

Irgendwann kam der Tag, an dem ich meinen jetzigen Partner kennenlernte und nicht mehr das gleiche Maß an Aufmerksamkeit und Kontakt gegenüber Rina aufbringen konnte.

Da sie offensichtlich unsere Freundschaft leider nur über dieses Maß an Aufmerksamkeit definierte, brach der Kontakt ab, weil meine Nachrichten in Whatsapp plötzlich ignoriert wurden.

Bei den beschriebenen Geschichten, lieber Leser, werden sie sich vermutlich denken können, dass das für mich nun zum Glück nicht der größte Verlust war.

Meine Partnerin teilte mir irgendwann einmal mit, dass eine Bekannte von ihr etwas von Rina gehört hatte. Es ging wohl um ihre Figur, die leider noch ein wenig mehr an Fülle gewonnen hatte. Rinas Kommentar dazu war angeblich: "Solange mich noch jemand ficken will, ist mir das jetzt auch egal."

Lieber Leser, eigentlich glaube ich nicht an Rückentwicklung, doch so eine Aussage macht es mir natürlich nicht leicht.

Error 5: Zu hohes Selbstwertgefühl: Ich finde was Besseres.

Da wir soeben ja schon das Thema "Zu niedriges Selbstwertgefühl" durchgekaut haben, können wir jetzt auch zum Gegenteil springen, nämlich zum Archetyp Mensch, der immer denkt, dass er vielleicht etwas Besseres haben könnte und nie wirklich zufrieden ist mit dem, was er da hat.

Ich kann Ihnen ein Prachtexemplar von Beispiel bringen, da es sich bei der nächsten Geschichte um meine letzte Ex-Freundin handelt und ich somit die Misere am eigenen Leib erfahren habe. Ich kann Ihnen quasi aus direkter Quelle beschreiben, wovon sie in Sachen Beziehungssuche am besten im Vornherein die Finger lassen.

Man muss dazusagen, dass ich zum damaligen Zeitpunkt natürlich nicht das Wissen und die Erfahrungen hatte, mit denen ich heutzutage argumentieren kann, was mich überhaupt in die Situation brachte, mit dieser Frau fast drei Jahre meines Lebens zu vergeuden.

Eines muss man der genannten Person, hier Ina genannt, zugute halten: Als wir uns kennenlernten und die Beziehung noch nicht wirklich angefange hatte, teilte sie mir mit, dass sie beziehungsunfähig sei.

"Ich bin nicht wirklich beziehungsfähig", sagte Ina. "Immer, wenn ich längere Zeit mit einem Menschen zusammen bin, denke ich irgendwann, dass ich was anderes brauche. Was Neues."

Mein lieber Leser, wenn sie so einen Satz hören, dann suchen Sie bitte ganz schnell das Weite. Machen sie nicht den Fehler, den ich gemacht habe, in der Phase der Verliebtheit zu glauben, dass Menschen sich doch ändern könnten. Wenn der Mensch Sie erstmal kennengelernt hat und zufrieden ist, wird er nichts Neues brauchen. Er wird erkennen, dass Sie der Richtige sind und alles wird gut werden. Denn bisher läuft doch auch alles so gut.

Machen Sie nicht den Fehler wie ich, diesen Gedanken zu glauben.

Denn Menschen ändern sich nicht. Zumindest nicht so leicht und nicht so schnell.

Ich bin dementsprechend selbst schuld gewesen, mich auf diese Beziehung einzulassen, die natürlich so endete, wie sie angefangen hatte.

Aber hinterher ist man immer schlauer.

Ina ist eine Person, die ihr ganzes Leben lang (bis auf einen Verlust in der Kindheit) eigentlich nie Probleme hatte und nie viel leisten musste. Sie hat Eltern, die immer für sie da waren, ihr immer alles gegeben und sie behütet haben. Was an sich ja nichts Schlechtes ist, jedoch schienen es die Eltern mit der Erziehung und dem Klammern an ihren Kindern ein wenig übertrieben zu haben.

Ina musste nie wirklich auf eigenen Beinen stehen, in eine andere Stadt ziehen oder sich selbst durchschlagen. Sie hatte nie Geldprobleme, war nie allein, da all ihre Freunde sowie ihre Eltern in der gleichen Stadt wohnten und sofort zur Stelle waren, wenn sie etwas brauchte. Oder sich mal einsam fühlte. Denn mit Einsamkeit kam Ina nicht zurecht.

"Ich brauche die Stadt. Einsamkeit macht mir Angst. Ich könnte nie so im Nichts wohnen! Wie kann man nur so leben? Irgendwo in der Pampa zum Beispiel? Wenn ich mich mal allein fühle und Menschen brauche, kann ich fünf Minuten laufen und bin im Stadtzentrum. Da habe ich viele Menschen um mich herum. Aber diese Stille in der Pampa macht mir Angst. Da bekomme ich Zustände. Da würde ich wahnsinnig werden!"

Nach einer Lehre wurde sie direkt in den öffentlichen Dienst übernommen und wechselte schließlich ein einziges mal den Job, was ihr ein regelmäßiges Einkommen und Sicherheit brachte. Dementsprechend war sie grundsätzlich schon einmal in einer sehr stabilen Position. Es war für sie die perfekte Plattform sich auszutoben, wenn ihr schnell langweilig wurde. Parties, Clubs und kurzweilige städtische Aktivitäten bestimmten ihr Standardprogramm. Sie war es gewöhnt, dass sie immer bekam, was sie wollte. Dies war natürlich auch auf Männer bezogen.

Als wir uns im Laufe der ersten Monate über vergangene Beziehungen und Partner unterhielten, fiel mir schnell eine Sache auf: Ina war quasi nie wieder Single gewesen, seit sie ihre erste Beziehung gehabt hatte. Sie war stets von einer Beziehung in die andere "gerutscht", wie man das so schön umschreiben kann.

Lassen Sie mich an dieser Stelle noch einmal die Alarmglocken läuten, lieber Leser.

Wenn Sie so etwas hören, müssen Sie sich darüber im Klaren sein, dass die Person nicht einfach so irgendwo hineingerutscht ist. Es handelt sich auch hier wieder um eine praktische Umschreibung, die eigene Verantwortung für Taten abzugeben und unangenehme Fakten zu beschönigen.

Fakt ist nämlich, dass Ina in jeder - und ausschließlich in jeder - Beziehung selbst den Schlussstrich gezogen hatte. Mal nach acht Monaten, mal nach zweieinhalb Jahren und so weiter.

Entscheidend ist hierbei aber auch noch, dass sie bereits in allen dieser Fälle bereits Kontakt mit einem neuen Mann hatte.

So begann natürlich unsere Bekanntschaft über Internet damit, dass sie völlig normal und ohne Anspielungen einen Dialog mit mir aufbaute. Da sie von meinem damaligen Wohnort auch sehr weit entfernt wohnte, hatte ich keine Hintergedanken und schrieb normal zurück.

Irgendwann - und zu einem Zeitpunkt, wo ich das Spiel noch bei weitem nicht durchschaut hatte - kamen erste Kommentare darüber, wie unglücklich sie mit ihrem Freund sei. Sie wisse nicht, ob die Beziehung so weitergehen könne und was sie tun soll.

Da ich mich als unbeteiligte dritte Person ohne Hintergedanken sah, riet ich ihr neutral das, was ich jedem geraten hätte. Ich animierte zum Dialog über Probleme, riet dazu, abzuwägen und einen Schluss zu ziehen, ob denn die Beziehung noch wirklich tragbar wäre.

Ich möchte nicht zu sehr ausholen, lieber Leser, denn sie wissen ja schon, dass ich mit ihr schließlich zusammen kam.

Die Kurzfassung lautet in etwa so: Sie schoss ihren Ex-Freund ab, weil es nicht mehr ging. Wir verstanden uns gut über einige Monate hinweg über das

Internet und schließlich kam der Vorschlag, sich doch einfach mal zu treffen.

Daraus entstand schließlich, obwohl es ja gar nicht so geplant war und man erstmal überhaupt nicht daran gedacht hatte, plötzlich nach mehreren Treffen eine Beziehung. So in meinen damaligen Augen.

Aus heutiger Sicht ist das Schema sehr einfach zu durchschauen, insbesondere deshalb, weil es vor mir, mit mir und auch nach mir exakt gleich abgelaufen ist. Was wieder bestätigt, dass Menschen sich nicht einfach so ändern. Und erst recht nicht bloß, weil Sie ein toller Mensch sind. Was Sie natürlich und ohne Zweifel sind, lieber Leser! Nur werden es diese Personen nicht erkennen.

Sie sucht jemanden. Das Verliebtheitsgefühl und die erste Spannung baut sich langsam ab. Irgendwann ist nichts mehr für sie davon übrig. Langfristige Werte wie Vertrauen, Zusammenhalt und dergleichen sind für Ina nicht wichtig. Entweder, weil sie sie nie zu schätzen gelernt hat, oder weil sie es gewohnt ist, dass sowieso alles passt. Sie braucht wieder diesen neuen Verliebtheitskick. Wozu also nicht die laufende Beziehung abschießen und eine neue suchen - für ein wenig Pepp im Alltag? Aber natürlich erst dann, wenn die neue potentielle Beziehung halbwegs dingfest gemacht ist. Man will ja schließlich nicht auf die Vorteile der laufenden Beziehung verzichten, insbesondere, wenn man mit Alleinsein nicht zurechtkommt. Daher wird schön bis zum letzten Moment gewartet in dem alles passt und - zack! So schnell war's das mit dem Partnerwechsel.

Vielleicht lesen Sie, lieber Leser, nun eine Note von Ironie oder Frustration heraus, weil es sich ja um meine Ex-Freundin handelt.

Natürlich ist diese vorhanden, denn ich war leider nicht sensibel genug, gleich im Vornherein die Reißleine zu ziehen. Daher schreibe ich Ihnen dies doch alles, damit sie schon jetzt sensibilisiert werden und nicht Zeit, Geld und Energie in so eine Beziehung stecken, auf der das Haltbarkeitsdatum schon fast abgelaufen ist.

Andererseits hatte es etwas Gutes, denn ich zog zu meiner Ex-Freundin und habe in dieser Stadt nun meine Partnerin für's Leben kennengelernt.

Aber weiter im Text.

Ich zog also zu meiner Ex-Freundin.

Nach einem halben Jahr schon kamen plötzlich erste Anzeichen von Unzufriedenheit bei ihr hoch. Es stellte sich heraus, dass sie viel mit einem neuen Bekannten schrieb, schließlich auch hinter meinem Rücken, da es schon in eine grenzwertige Richtung ging.

Wo Grenzen gezogen werden, scheinen ja auch viele sehr unterschiedlich zu definieren. Ich persönlich, lieber Leser, habe meine Grenzen mittlerweile sehr hoch abgesteckt und rate Ihnen dies auch zu tun. Aber mehr dazu im Kapitel Error 8: Untreue: Es ist einfach so passiert.

Tatsache ist, dass leichte sexuelle Anspielungen ausgetauscht wurden, was für mich in einer Beziehung ein No-Go darstellt.

Lieber Leser, fragen Sie mich nicht, wieso ich die Beziehung nicht zu diesem Zeitpunkt schon beendet habe, denn eigentlich war ja absehbar wie es endet.

Ich war vermutlich damals selbst noch nicht stark genug, eine Beziehung zu beenden, was bei vielen Menschen ein weit verbreitetes Problem zu sein scheint.

Wie auch immer, es gab eine Beziehungskrise und das Thema legte sich irgendwann wieder. So machte man eben weiter.

An dieser Stelle sei auch noch erwähnt, dass es sich bei dem Mann um einen unsicheren Kerl handelte, der mit einem geleasten BMW protzen musste und in Wirklichkeit - wie sich herausstellte - Schulden bei diversen Personen hatte und in einem Gartenhaus wohnte, weil seine Ex ihn aus der Wohnung rausgeschmissen hatte.

Fragen Sie mich nicht, nach welchen Kriterien meine werte Ex-Freundin ihre potentiellen neuen Partner in diesem Fall ausgesucht hat, denn die, die unsere Beziehung beendeten, waren auch nicht besser.

Wie zu erwarten, war es etwa eineinhalb Jahre später wieder so weit.

"Es tut mir Leid!", stieß Ina aus. "Ich weiß auch nicht, woran es liegt. Es ist bei mir einfach irgendwie so. Es liegt nicht an dir, es liegt einfach an mir!"

Auch ein sehr schöner Klassiker, mein lieber Leser. Der Satz "Es liegt nicht an dir, es liegt an mir" ist der Versuch, die eigene Unfähigkeit zu ummanteln, klare Verhältnisse zu schaffen. Es ist wieder wie ein Ablenken vom Thema. Ähnlich wie der beliebte Satz "Ich hasse mich selbst dafür", der dazu dient, die eigenen Missetaten zu rechtfertigen und das Gewissen reinzuwaschen. Denn wer sich selbst hasst und dies auch noch zugibt, zeigt ja, dass er sich bestraft, weil er sich doch hasst, und dann kann er anschließend weiter fortfahren, mit was auch immer er gerade seine Beziehung kaputt macht, oder etwa nicht?

Bitte verzeihen Sie, wenn ich ins Lästern verfalle. Aber Menschen, die so etwas von sich geben, sollten es einfach lassen, so einen Schwachsinn zu reden, sondern stattdessen einfach aufhören das zu tun, wofür sie sich angeblich so hassen!

Das heimliche und sexuell angehauchte Schreiben mit einem weiteren Mann eskalierte und die Beziehung kriselte stark.

Wir saßen im Wohnzimmer auf der Couch.

"Lass' es einfach mit dem Schreiben. Lösch diesen Typen!", stieß ich aus. "Ich verstehe gar nicht, wieso du das machst. Bei uns passt eigentlich alles. Wir streiten uns nicht oft, wir unternehmen Sachen zusammen, wir reden über vieles unkompliziert...und und und. Was genau willst du eigentlich?"

"Keine Ahnung!" Ina wirkte in die Enge gedrängt. "Ich habe dir doch gesagt, dass mir immer irgendwann langweilig wird! Ich weiß nicht, wieso das so bei mir ist. Irgendwann brauche ich einfach was Neues!"

"Ja, aber wieso?", rief ich. "Und was soll ich damit jetzt, mit dieser Aussage? Ich bin extra wegen dir hier hergezogen und jetzt sowas."

"Was heißt hier, extra wegen mir hergezogen? Ich habe das nie von dir verlangt", antwortete Ina kühl.

Ich war entsprechend sauer. "Toll. Du fandest, dass es eine gute Idee war, als ich es vorgeschlagen habe, weil ich sowieso mit meinem Job in der alten Stadt unzufrieden war. Und du wolltest ja nicht zu mir ziehen, weil du deine ganzen tollen Leute und deine Eltern ja hier hast und nicht wegziehen kannst, weil du so sehr an deiner Stadt hängst. Also bin ich natürlich wegen dir hergezogen, weil du das nicht fertiggebracht hast, woanders hinzuziehen. Und das ist jetzt der Dank dafür. Dreh' es nicht so hin, als wäre es nur meine Idee gewesen und als hättest du es ja nie gewollt. Außerdem, wieso brauchst du was Neues? Was erwartest du dir davon, wenn in deiner jetzigen Beziehung alles passt? Es kann sein, dass vieles sogar schlechter wird, wenn du feststellst, dass ein neuer Typ überhaupt nicht so gut zu dir passt. Oder geht es darum, dass du wen anderen im Bett haben willst?"

"Nein", beteuerte Ina. "Es geht nicht um das Körperliche."

"Warum brauchst du dann was Neues? Was ist daran so neu?"

"Es kann schon sein, dass vieles nicht neu ist. Aber einfach anders. Ich brauch einfach was anderes."

Sie sehen schon die Aussichtslosigkeit dieser Diskussion, lieber Leser. Viele werden sich an dieser Stelle vermutlich schon fragen, wieso wir überhaupt noch ein weiteres halbes Jahr zusammengeblieben sind.

Ich mich ehrlich gesagt auch.

Letztendlich war einfach meine Zeit abgelaufen. Ina war auf der Suche nach einem neuen Spielzeug. Mich wollte sie behalten, bis sie den neuen in der Tasche hatte, um mich sodann abzuschießen. Dies zeigte sich auch im weiteren Dialog.

"Weißt du was, sag einfach, wenn du Schluss machen willst." Ich war entschlossen. "Ich bin an einem Punkt, wo ich auch mit einem Nein leben kann, aber ich will eine klare Antwort. Ja - willst du, dass wir zusammen sind und du lässt das Ganze und änderst dich? Oder nein - wir trennen uns. Dann fange ich heute an, nach Wohnungen zu suchen und die Sache hat sich erledigt."

"Ich weiß es einfach nicht!", beklagte sich Ina. "Ich kann es dir einfach nicht sagen, wie es in einem oder drei oder fünf Monaten aussieht. Ich kann dir nicht sagen, ob sich was an meinen Gefühlen dann geändert haben wird oder ob es so bleibt!"

Mein lieber Leser, dieser Satz ist eine Schlüsselkomponente dieses Buches.

Denn seien Sie sich immer über eine Sache sicher: Wenn Sie jemand liebt, wenn Sie jemand behalten will, wenn Sie jemand als Partner haben will, dann weiß er es. Schluss, aus, Ende der Diskussion, vielen Dank und auf Wiedersehen. Lassen Sie sich niemals hinhalten oder von vorgegaukelten Unklarheiten und Unsicherheiten täuschen. Diese dienen nur als Ausweichmanöver und sollen Sie bei Laune halten, damit Sie beispielsweise, wie in meinem Fall, nicht sofort das Weite suchen. Stattdessen soll die Hoffnung aufrecht erhalten werden, dass vielleicht noch eine Chance für die Beziehung besteht.

Das ist leider nicht der Fall.

In einer Situation, in der Ihnen jemand mit Zweifeln oder Verzögerungen kommt, ist dies bereits ein klares Nein. Denn es gibt kein Vielleicht in der Liebe. Es gibt nur ein JA - ich liebe dich oder ein NEIN - ich liebe dich nicht. Ganz einfach!

In meinem Fall war es ein Nein, das ich nicht richtig erkannte.

Das Aufrechterhalten der Hoffnung fällt dann meist Zugunsten des anderen aus, der von Ihnen, Ihrer

Aufmerksamkeit, Ihrer Nähe, Ihrer Zeit, Ihrer Energie und Ihrem Geld noch profitiert.

Und sich, wie in meinem Fall, bequem den Nächsten suchen kann.

Die Unfähigkeit von Ina, einen klaren Beziehungsstatus herzustellen, der ihren Wünschen gerecht wird (Beziehung beenden und in Ruhe einen neuen Partner suchen, wenn sie es unbedingt möchte) zeigt deutliche Charakterschwäche und niedrige Empathiefähigkeit, sowie die Unfähigkeit, alleine zu sein und auf eigenen Beinen im Leben zu stehen.

Anstatt die Beziehung zu beenden, behielt also auch Ina mich in einem Schwebezustand der Ungewissheit, um hinter meinem Rücken weiterhin auf Partnersuche zu gehen.

Zunächst hatte sich die Beziehung wieder etwas stabilisiert und der Kontakt zu Carlos aus Barcelona war kaum noch existent, was mir fälschlicherweise neue Hoffnungen auf Besserung im Verhalten von Menschen brachte.

Doch irgendwann wurde ihr Verhalten wieder auffällig und ich entdeckte auf ihrem Laptop zufällig sehr eindeutige Dialoge mit Carlos, die klar sexuelles Interesse andeuteten.

Aus heutiger Sicht war es natürlich absehbar, aber damals war ich schockiert.

"Ich möchte nochmal dieses Jahr nach Barcelona fliegen", kündigte Ina an.

"Okay", sagte ich gedehnt und etwas irritiert. "Also alleine?"

"Naja, mit Rina. Das haben wir ja vor zwei Jahren auch schon gemacht und wir wollten halt noch einmal, nur wir Mädels." Ina klang gleichgültig.

"Und was ist dann mit diesem Carlos? Wirst du den auch treffen? Du scheinst ja wieder mit dem zu schreiben." Ich schaute sie kritisch an.

"Ach, mach dir da echt keine Gedanken. Der hat doch selber eine Freundin. Das ist einfach ein Bekannter, so wie die anderen auch! Natürlich gehen wir vielleicht mal zusammen in eine Bar und dann ist der da halt auch dabei und sitzt da. Aber das ist genau so, als würde Rina da sitzen."

"Naja, Rina ist ja eine Freundin von dir, das kann man wohl nicht so richtig vergleichen", zeigte ich meine Zweifel.

"Mach dir keine Gedanken, da ist schon nichts!" Sie nahm mich an der Hand und lächelte.

Einige Wochen später saß im im Siege-Club. Einige Bekannte saßen ebenfalls am Tisch und unterhielten sich prächtig, doch ich konnte mich nicht wirklich fallen lassen.

Ina war in Barcelona und ich wusste, dass sie heute in eine Bar ging. Gleichzeitig wusste ich, dass Carlos gar nicht in Barcelona war. Rina hatte das erwähnt, dass er genau zu diesem Zeitpunkt in einer anderen Stadt seine Verwandten besuchen war.

Dennoch war ich sehr unruhig und hatte das Gefühl, dass irgendetwas nicht stimmte. Ich bin ein sensibler Mensch und ich spürte geradezu, dass heute etwas passieren würde.

Ich starrte auf Whatsapp. Seit drei Stunden hatte Ina nichts mehr geschrieben. Dann war sie plötzlich online.

Vielleicht kennen Sie so eine Situation, lieber Leser. Sie starren auf das Handy und sehen, dass die besagte Person online ist. Dann ist sie plötzlich wieder offline und hat Ihnen aber keine Nachricht geschrieben, obwohl sie dies eigentlich erhofft hatten.

Es sei vorweggenommen, dass diese Situationen zum Glück mittlerweile meiner Vergangenheit angehören.

Sollte dies bei Ihnen auch noch nicht der Fall sein, so rate ich Ihnen, etwas an Ihrem Status im Liebesleben zu ändern, da dieser Mist einfach völlig unnötig ist und nur bei Partnern vorkommt, die es nicht wert sind und nur Probleme machen. Oft tritt das Online-Offline-Verhalten auch im Zusammenhang mit Spielchen in einer Beziehung auf. Mehr dazu im Kapitel Error 7: Spielchen und Bestrafung.

In meinem Fall hatte es nichts mit Spielchen zu tun. Ina war schlichtweg anderweitig beschäftigt.

Sie war wieder online. Dann wieder offline. Das ganze ging sieben bis achtmal so. Auf jeden Fall wurde ich noch nervöser. Sie schreibt mit irgendwem, dachte ich. Was heißt mit irgendwem. Mit Carlos, wem sonst.

Ich kam mir schon ein wenig doof vor, wie ich so den Online-Status von Ina kontrollierte. Aber etwas trieb mich dazu an. Ich hatte ja einen Verdacht. Und was ist falsch daran, einem Verdacht nachzugehen, wenn das Bauchgefühl einem dazu rät?

Ich stand auf, ohne mich zu verabschieden und ging aus dem Club. Geladen und auch etwas wütend rannte ich nach Hause.

Im Flur angekommen, warf ich meine ausgezogenen Schuhe beiseite und ging ins Wohnzimmer.

Ich tat etwas, von dem man nun sagen könnte, dass es nicht in Ordnung ist. Doch was, lieber Leser, soll an so einer Aktion nicht in Ordnung sein, wenn auch hier Ihr Bauchgefühl sagt, dass Sie soeben belogen werden? Wenn Sie einen berechtigten Verdacht haben, können Sie sitzenbleiben und sich betrügen lassen, oder Sie können in die Privatsphäre eines Menschen eindringen und für Klarheit sorgen.

Ich tat Letzteres, also klappte ich Inas Laptop hoch und öffnete den Tab "Whatsapp Web", der noch immer mit ihrem Handy in Barcelona verbunden war.

Ich starrte auf den Bildschirm und fühlte mich in allem sofort bestätigt. Natürlich, dachte ich. Klar.

Ina schrieb mit Carlos. Im Sekundentakt flogen die englischen Nachrichten geradeso über den Bildschirm.

"Wieso bist du ausgerechnet jetzt weg, wo ich hier bin?", schrieb Ina. "Du Arsch. Ich wollte dich treffen!" Ein wütender Smiley dazu.

"Ich wollte meine Familie besuchen, weil es hier in Barcelona so langweilig war", antwortete Carlos. "Ich wusste gar nicht, dass du genau jetzt kommst."

"Die Langeweile wäre schnell zu Ende gewesen in dem Moment, wo ich angekommen wäre und wir uns getroffen hätten!" Ein Smiley, der einem zuzwinkert.

Ich war schockiert, auch wenn ich es ja eigentlich schon wusste.

Ich scrollte weiter hoch, um ältere Nachrichten zu sehen. Es waren unglaublich viele. Teilweise ein bis zwei Tage Pause, dann auch mal eine Woche, dann wieder mehrere Tage hintereinander.

An einer Stelle schien Carlos sich selbst zu befriedigen, während er mit Ina schrieb. Zumindest las ich es aus dem Kontext.

"Na komm schon, schick mir ein Bild!", schrieb Carlos an einer Stelle.

"Nein, du weißt doch, wie ich aussehe. Es gibt keins."

"Komm schon. Nur ein sexy Bild. Ich will dich nackt sehen."

"Nein, vergiss es!"

"Dann muss ich es mir ohne Bild machen."

"Na, dann viel Spaß mit Jill!"

"Oh, das war gut."

"Bist du fertig, ja?"

"Ja, das habe ich gebraucht."

"Schön für dich."

Ich schüttelte fassungslos den Kopf und scrollte weiter.

"Ich weiß auch nicht, du und ich, wir sind eben gleich, was dieses Beziehungsding angeht", schreibt Ina da gerade. "Dass es einfach langweilig wird. Und man Abwechslung braucht. Normal ist mir einfach zu normal. Ich kann mich nicht in diese typische Beziehungsschublade stecken lassen. Das wird mir einfach langweilig nach einiger Zeit."

"Ja, du hast Recht", hatte Carlos geantwortet. "Zu normal. So wie der Mond."

"Du und dein Mond!", antwortete Ina. "Lass uns zusammen zum Mond fliegen und nie wieder zurückkehren!"

Es reichte mir und ich klappte das Laptop herunter. Ich hatte genug gesehen. Trauer und Wut erfüllten mich, wie es in so einer Situation der Fall ist. Über zwei Jahre Liebe, Zuneigung und alles, was ich zu bieten hatte, dafür, dass sie so mit einem anderen Typen schrieb? Ich war mir sicher, dass sie auch mit ihm ins Bett gegangen wäre, wäre er in Barcelona gewesen.

Es war mir scheißegal, dass ich herumspioniert hatte, denn mein Verdacht hatte sich ja bestätigt. Es war Zeit, das Telefon in die Hand zu nehmen und Ina zur Rede zu stellen.

"Hey, was ist denn?" Ina klang überrascht. "Ich bin gerade in der Bar und höre dich kaum."

"Du schreibst die ganze Zeit, aber mir antwortest du nicht", stellte ich mich erstmal dumm. "Mit wem schreibst du so viel? Du schreibst wieder mit Carlos, oder?"

"Was? So ein Schwachsinn, was soll das?" Ina stöhnte.

Mir wurde sofort klar, dass sie mir phänomenal ins Gesicht lügen wollte. Eigentlich absehbar, aber dennoch schockierend.

"Ich habe mit den anderen geschrieben, Mann! Wir haben uns verabredet! Wir treffen uns doch in der Bar, da ging es vorhin paarmal hin- und her! Alter..."

"Das ist doch Unsinn!", rief ich in den Hörer. "Du schreibst doch jetzt gerade ganz viel, ich bin doch nicht blind. Die anderen sind doch schon längst mit dir in der Bar, wieso solltest du mit denen schreiben!"

"So ein Blödsinn, das stimmt nicht. Ich schreibe nicht mit dem. Nur mit den anderen. Der ist doch nicht mal online."

Ich war angesichts der Situation richtig sauer, dass man so blöd war und noch weiter log, obwohl es schon offensichtlich war. Daher platzte mir der Kragen.

"Ich habe die Nachrichten gelesen, kapiert?", schrie ich ins Telefon.

"Nochmal, ich schreibe nicht mit dem, ok? Bist du betrunken oder was?"

"Ich habe gesagt, ich habe die Nachrichten gelesen, also lüg mich nicht an!"

"Welche Nachrichten? Du warst im Siege-Club. Du bist betrunken. Du solltest jetzt mal runterkommen und dich beruhigen, Alter, wirklich. Geh' erst mal schlafen! Ausnüchtern." Wieder stöhnte Ina.

"Sag mal, hast du es jetzt dann mal kapiert?" Ich verzog das Gesicht. "Ich habe dein Laptop benutzt! Und die Whatsapp-Nachrichten gelesen, wie du mit ihm schreibst und vor allem was! Und das schon ewig. Und du lügst mir noch ins Gesicht wie so einem Vollidioten. Du spinnst komplett!"

Ina stockte. Dann kam die Antwort: "Wie bitte? Du liest einfach meine Nachrichten? Geht's noch?"

"Ja, habe ich!", antwortete ich. "Wie man sieht, war es ja gerechtfertigt, weil du mich seit Ewigkeiten schon anlügst!"

"Das finde ich unmöglich!" Ina ist entrüstet. "Sowas finde ich total daneben! Das ist meine Privatsphäre. Dass du da einfach nachschaust, das geht gar nicht!"

Ina versuchte von sich abzulenken und tatsächlich mich als denjenigen darzustellen, der etwas Schlimmes gemacht hatte. Ich konnte es kaum fassen.

"Ach, das findest du? Ich finde schlimm, was du gemacht hast, nämlich lügen. Das war's, so können wir es gleich sein lassen."

"Ich weiß jetzt auch nicht", antwortete Ina schließlich. Im Hintergrund konnte man Stimmengewirr hören. Vermutlich hatten die Bekannten schließlich mitbekommen, dass etwas im Gange war.

"Ich weiß jetzt nicht", wiederholte Ina. "Ich will jetzt auflegen. Lass uns morgen nochmal telefonieren. In Ruhe. Ich muss das erstmal verarbeiten."

Ja, lieber Leser, auch hier tut nun, denke ich, eine Abkürzung gut. Das ganze verlief noch wie folgt: Es kam ein Anruf, ob man es nicht doch nochmal probieren wolle. Vielleicht gäbe es ja doch noch einen Ausweg aus dem Schlamassel, so der O-Ton.

Einige Stunden später und am nächsten Tag kam ein weiterer Anruf. Dabei hielten wir fest, dass es keinen Sinn mehr machte und beendeten die Beziehung.

Ich erfuhr einige Zeit später, dass Ina zwischenzeitlich noch Carlos angerufen hatte und ihn um Rat gefragt hatte. Dort wurden mir zum erstenmal die Parallelen deutlich, die auch zu Beginn unserer Beziehung vorhanden gewesen waren.

Das Gespräch mit Carlos war wie eine Art Versicherung. Carlos sollte an der Beendigung beteiligt sein, um als potentieller nächster Partner verfügbar zu sein.

Leider musste ich noch einige Wochen in der gemeinsamen Wohnung verbringen, bis ich eine neue Wohnung gefunden hatte. Natürlich kam es zu weiteren Diskussionen, in denen ich nicht umhin kam, Ina permanent (ganz zu ihrer Freude) ihr mieses Verhalten um die Ohren zu hauen.

"Es ist einfach das Letzte, dass du mich so belügen musstest." Wir standen in der Küche. "Da wäre es mir lieber gewesen, du hättest eben gesagt, dass du Schluss machen willst. Deswegen habe ich ja vor paar Wochen gefragt, ob wir nicht gleich Schluss machen sollen. Weil ich genau sowas nicht wollte. Und du meintest dann, dass du es ja nicht genau weißt. Anscheinend wusstest du es ja sehr wohl, was soll das also?"

"Ich habe doch gar nichts gemacht! Ich habe doch nichts Schlimmes geschrieben, nur blabla. Belangloses Zeug. Ich habe dich nie betrogen oder so! Ich bin nie fremdgegangen!", beteuerte Ina.

Belangloses Zeug. Ich fasste mir an den Kopf und sagte nichts.

"Ja und, aber belogen", gab ich schließlich wütend zurück. "Und das, obwohl ich schon so lange immer für dich da bin, alles für dich mache und sonstwas. Und wer weiß, was du getan hättest, wenn Carlos zu dem Zeitpunkt doch in Barcelona gewesen wäre und du ihn getroffen hättest."

"Nichts hätte ich gemacht", behauptete Ina strikt. "Und außerdem…"

Sie machte eine kurze Pause und ich merkte, dass sie das Thema umlenken wollte. Genauer gesagt wollte sie sogar in die Offensive. Ein typisches Zeichen von Charakterschwachen in so einer Situation, um sich nicht mit ihrem Fehler auseinandersetzen zu müssen.

"Also, ich persönlich finde so etwas, was du gemacht hast, viel schlimmer, als mit jemandem irgendwas zu schreiben. Selbst in einer Beziehung hat man sowas wie eine Privatsphäre und man muss nicht dem anderen ins Handy glotzen, ihn kontrollieren oder ihn ausspionieren. Das finde ich ein totales No-Go in der Beziehung! Das was du gemacht hast, finde ICH richtig schlimm!"

Ich musste schmunzeln. Ich konnte nicht anders.

Natürlich, lieber Leser, sollte man in einer Beziehung seinen Partner nicht ausspionieren. Die entscheidende Frage ist aber doch, wie es überhaupt soweit kommen kann.

Derartiges Verhalten ist ein Musterbeispiel von Charakterschwäche. Anstatt den Fehler einfach zuzugeben und zu gestehen, dass es falsch war zu lügen, mich hinzuhalten und nicht einfach Klartext zu reden, wie die Pläne mit Carlos sind, geht Ina hier sogar in die Offensive und stellt mich als den Übeltäter dar, der sie ausspioniert hat, was ja das Letzte in einer Beziehung sei.

Die Tatsache, dass es nur dazu kam, weil ich einen starken Verdacht hatte, der sich sogar noch bestätigt hatte, spielte hierbei offensichtlich keine Rolle. Ebensowenig die Tatsache, dass sie mir mehrfach ins Gesicht log.

Natürlich handelt es sich dabei um eine Ausweichreaktion, um sich mit den Vorwürfen nicht konfrontieren zu müssen.

Denn in einer vernünftigen Beziehung, in der Treue und Vertrauen groß geschrieben werden, spielen solche Optionen wie ausspionieren überhaupt keine

Rolle, weil es gar nicht nötig ist und auch überhaupt kein Verdacht bestehen kann.

Bei meiner jetzigen Partnerin beispielsweise würde ich überhaupt nicht auf die Idee kommen, etwas auszuspionieren. Es gibt schlichtweg keinen Grund, weil ich ihr vertraue und sie mir. Ich wüsste, dass ich jederzeit ihren Chatverlauf mit wem auch immer mitlesen könnte und es würde sie nicht stören, weil sie auch überhaupt nichts zu verbergen hätte. Genau so geht es ihr mit mir auch. Ich schreibe nicht mit irgendwelchen Frauen, es sei denn eine Arbeitskollegin oder Bekannte schreibt mich mal an. Dann werden einige Worte gewechselt und die Geschichte meiner Partnerin meistens sogar erzählt, wenn sie interessant genug ist.

Wo ist also das Problem? Genau, nirgends, es sei denn, man fängt an, hinter dem Rücken seines Partners mit irgendwem zu schreiben oder neue Bekanntschaften aufzubauen.

Wenn Sie oder Ihr Partner ein offener Mensch sind und gerne viele und auch neue Kontakte pflegen, muss es sich nicht anders verhalten.

Im Grunde ist es auch hier immer ganz einfach: Selbst wenn Ihr Partner mit hundert Leuten gleichzeitig schreibt, sollte es für Sie keine Rolle spielen, sofern Sie wissen, dass Sie jederzeit mitlesen können und ihr Partner damit auch kein Problem hat.

Ein Problem gibt es nur, wenn der Partner nicht will, dass Sie mitlesen oder etwas davon wissen.

Denn was ist der einzig und alleinige Grund, wieso Ihr Partner es nicht wollen sollte, dass sie etwas lesen?

Weil er etwas zu verbergen hat.

Und was ist das für eine Beziehung, wo ihr Partner etwas vor Ihnen zu verbergen hat, insbesondere, wenn es sich dabei um einen Dialog mit einem anderen potentiellen Geschlechtspartner handelt?

Der Weg bis zum Betrug oder schlichten Beziehungsende ist ab dann nur noch eine Frage der Zeit.

Zurück in die Küche der Wohnung meiner Ex-Freundin.

"Ich will, glaube ich, erstmal gar nichts mehr." Ina schaute zu Boden. "Einfach mal eine lange Zeit komplett alleine sein. Alleine klarkommen. Und vor allem keine Beziehung. Mir ist das irgendwie zu einengend."

Ich war ein wenig überrascht. Ich dachte, sie würde sich sofort auf den nächsten oder Carlos stürzen. "Keine Beziehung? Ja, ich glaube das wäre auch gut. Du solltest es mal generell lassen. Oder jemanden suchen, der das selbst alles nicht so ernst nimmt, wie ich es angeblich tue. Von wegen einengend…"

"Nein, ich möchte Single sein. Zumindest mal eine lange Zeit. Dann mal schauen."

Vier Tage nach meinem endgültigen Auszug hatte Ina einen neuen Freund.

Es gibt noch einige unterhaltsame Eckdaten zum Thema Ina, die ich Ihnen natürlich auch nicht vorenthalten möchte.

Witzigerweise war mit dem Ende meiner Beziehung auch das Ende der Freundschaft zwischen Ina und Karina verbunden.

Diverse Meinungsverschiedenheiten und auch die Art der Trennung führten dazu, dass die Freundschaft der beiden beendet wurde und Rina fortan des öfteren mit mir etwas unternahm in Form von Essengehen, Clubbesuche und dergleichen.

So erhielt ich mehrmals Informationen über den Verbleib meiner Ex-Freundin.

Natürlich hatte sie auch in der Hinsicht gelogen, dass sie erstmal Single sein wollte. Ich zog an einem Mittwoch aus und am gleichen Wochenende flog Ina noch einmal nach Barcelona, wie ich erfuhr.

Allerdings nicht zu Carlos.

Carlos hatte nicht nur eine Freundin, sondern war sogar verheiratet. Nach diversen Schuldzuweisungen, wieso er das nicht erwähnt habe, ließ Ina enttäuscht von ihm ab, weil sie ihn nicht haben konnte und nahm sich einfach direkt den nächsten aus der Barcelona-Clique:

Tut mir leid, ich habe den Namen vergessen. Ich nehme einfach Fatty, so wurde er meist in meinem Umkreis bezeichnet. Es handelte sich dabei um einen bemitleidenswerten, etwas dickeren Kerl, der im World of Warcraft Universum zuhause war, noch bei seiner Mama wohnte und einen 400€ Job bei der Tankstelle hatte. So wurde es mir zumindest erzählt.

Bemitleidenswert deshalb, weil er ja nun der gleichen Masche wie auch ich selbst und andere vor mir zum Opfer gefallen war.

Ina hatte noch, während ich in der Wohnung mit ihr wohnte, nebenher tieferen Kontakt mit ihm aufgebaut, was mich natürlich nicht mehr interessierte. Und so entstand die nächste Beziehung, die, lassen Sie mich nachdenken, ich glaube, auch zwei Jahre dauerte, bis Fatty schließlich ersetzt wurde und zwar von…

(Stellen Sie sich jetzt bitte Trommelwirbel vor, denn folgendes ist kein Witz)

Ronald.

Genau, Sie haben richtig gehört. Der Ronald, der Nadine gestanden hatte, dass er sie liebte, obwohl sie nur seine Haare als Extensions wollte. Ist das nicht witzig, wie das Schicksal manchmal so spielt? Ich würde sagen, dass sich dort zwei gefunden haben.

Selbstverständlich habe ich zu beiden keinen Kontakt mehr.

Zu Ina brach ich den Kontakt sehr rapide ab, insbesondere deswegen, weil sie mich ein zweites Mal angelogen hatte.

Was ich damit meine ist, dass sie mir ins Gesicht sagte, dass sie unsere Trennung für gut hielt, weil sie jetzt erst einmal Single sein wollte.

Dann, nach meinem Auszug am Mittwoch, war sie 3 Tage später bei Fatty in Barcelona und war danach laut Erzählungen sofort wieder im Beziehungsstatus.

Alles, was sie behauptet hatte, war damit niedergeschmettert worden. Dass sie keine Beziehung wollte. Dass sie erst einmal wieder Single sein wollte. Dass sie alleine sein wollte. Dass sie nicht eingeengt sein wollte.

Alles war absoluter Unsinn, um vom Wesentlichen abzulenken: Sie wollte nur was Neues. Etwas, das einfach anders ist.

Ina konnte nicht mit dem zufrieden sein, was sie hatte. Und sie wird es vermutlich nie.

Witzigerweise schien sie nicht zu verstehen, weshalb ich keinen Kontakt mehr wollte.

Lieber Leser, ich halte generell nichts von Kontakt zu Ex-Partnern, aber mehr dazu im Kapitel Error 9: Ex-Partner: Ich muss den Kopf Freikriegen.

Soviel sei aber gesagt: Ich brach insbesondere deshalb den Kontakt ab, weil ich sie als Mensch mitsamt ihrem Verhalten und ihren Lügen satt hatte.

Nach einigen Wochen traf ich Rina zum Mittagessen und sie erzählte mir von einem Anruf von Ina.

"Die hat richtig rumgeheult!" Rina machte ein grunzendes, übertriebenes schluchzendes Geräusch.

Ich musste loslachen.

"Wirklich. Ich habe sie kaum verstanden." Rina machte wieder dieses grunzende Geräusch. "Sie meinte dann, wieso du denn plötzlich gar nicht mehr mit ihr redest und ihr wart doch früher so gut befreundet."

"Sag mal, hat sie es echt nicht kapiert?", fragte ich schockiert. "Wie kann man denn so blöd sein?"

"Keine Ahnung. Ich habe ihr alles gesagt. Was sie wohl erwartet, wenn sie dich so behandelt. Wenn sie 3 Tage später mit dem Nächstbesten ins Bett geht. Wenn sie Schluss machen will und dann, am gleichen Abend, geht sie feiern und gibt sich total die Kante und überlässt dich deinen Gefühlen. Ich habe ihr gesagt, was sie wohl denkt, wie es dir jetzt geht, und sie geht feiern."

"Was, das hat sie gemacht?" Ich starrte Rina an.

"Ja klar! Ich habe an dem Abend auch mit ihr telefoniert, weil ich ja dann doch nicht in Barcelona dabei war. Sie meinte am Telefon so: Wir haben Schluss gemacht. Aber ich gehe jetzt erstmal feiern. Und dann ist sie auf eine Party gegangen und hat nachts völlig besoffen angerufen: Hey Rina, Alter! Du geile Sau! Wieso bist du nicht hier! Du musst auch herkommen!" Rina schüttelt den Kopf. "Völlig durch den Wind war die. Wer geht denn feiern, wenn er gerade Schluss gemacht hat? Die hat dich einfach nicht wirklich geliebt."

Ich stimmte Rina zu.

"Auf jeden Fall hat sie geheult am Telefon und nicht verstanden, wieso du keinen Kontakt mehr mit ihr willst und sie überall blockiert hast. Und sie hat gesagt, dass es ihr ein Dorn im Auge ist, dass wir beide uns jetzt so gut verstehen und wieso wir so viel miteinander unternehmen. Sie dachte sogar, dass wir etwas miteinander haben."

"Ein Dorn im Auge?" Ich fasste mir an den Kopf. "Nach all dem denkt sie nicht, dass mir scheißegal ist, was sie denkt, und dass ich nicht mache, was ich will, mit wem ich will, also auch mit dir?"

Ich musste unwillkürlich loslachen. Derartige Ansprüche zeugen offensichtlich von einem zu hohen Selbstwertgefühl.

Error 6: Der Macho und der Nice-Guy

Vor etwa zehn Jahren habe ich ein Buch mit dem Titel "Das Lob des Sexismus" gelesen. Es war wichtig für mich, da ich früher ebenfalls mit zu geringem Selbstwertgefühl zu kämpfen hatte. Zwar war es bei weitem nicht so stark ausgeprägt wie bei Rina, aber ich neigte dazu, mich zu sehr in das "Nice Guy"-Verhalten zu begeben und hatte daher eine sehr negative Beziehungserfahrung mit einer sehr dominanten und egozentrischen Person.

Die Kernaussage des Buches "Das Lob des Sexismus" ist vermutlich so zusammenzufassen:

Sie sollten als Mann anfangen, sich dominant und selbstsicher gegenüber allen Frauen zu verhalten (Alpha-Verhalten). Dabei laufen Sie Frauen ab sofort nicht mehr hinterher oder sind übermäßig nett und zuvorkommend (Nice-Guy), in der Hoffnung, irgendwann den verdienten Zuspruch zu erlangen. Vielmehr sind Sie der "Bad Boy", der so viele Frauen gleichzeitig datet und trifft, wie es ihm gefällt, und achten dabei nicht auf Verluste.

Frauen, so das Buch, sind so programmiert, einen starken Mann mit guten Genen für ihren Nachwuchs zu finden. Dies wird sie dazu zwingen, sich insbesondere von Männern angezogen zu fühlen, die ein derartiges Alpha-Verhalten an den Tag legen.

Das Alpha-Verhalten wird, so laut Aussage des Buches, dazu führen, dass die Frauen Sie als einen Anführer sehen, als einen starken Mann und demnach als den perfekten Geschlechtspartner. Die Frauen werden ihnen demnach geradezu hinterherlaufen und sich Ihnen sexuell hingeben.

Nun verstehen Sie mich nicht falsch, lieber Leser. Viele der Aussagen des Buches basieren auf Rollenverhalten in einer Gruppe und sind nachweislich richtig. Sie funktionieren tatsächlich in einem bestimmten Rahmen.

Haben Sie sich nicht schon öfter gefragt, wieso die Nachbarin von nebenan lieber mit dem Sänger der lokalen Rock-Band ins Bett gegangen ist anstatt mit dem anständigen Freund von Ihnen, der sich seit zwei Monaten um sie bemüht?

Derartige Geschichten hört oder sieht man ständig. Das Buch "Das Lob des Sexismus" liefert Ihnen die Antworten darauf, wieso das so ist.

Allerdings gibt es an der Sache nun ein Problem.

Zwar wird das Ganze, wie bereits erwähnt, in einem bestimmten Rahmen funktionieren, aber nun fragen Sie sich doch mal, welchen Typ Partner sie mit so einem Verhalten anziehen?

Wenn Sie darauf aus sind, Frauen für sich zu begeistern, die dem stärksten und besten Mann folgen, der ihnen ein Alpha-Verhalten vorgaukelt, und davon so viele wie möglich ins Bett bekommen wollen, dann ist diese Anleitung natürlich genau richtig für Sie.

Wenn Sie jedoch eine langfristige Beziehung suchen, die auf Vertrauen, Ehrlichkeit und ernst gemeinter Zuneigung basiert, werden Sie in diesem Buch nicht fündig werden.

Denn warum, ist ja auch klar: Bei einer Frau, die sich von den bloßen Instinkten steuern lässt - da ist beispielsweise ein Mann, der in der Clique der Anführer ist, oder der Rock-Band-Sänger, der "jemand" ist, weil er berühmt und anerkannt ist, oder der Chef der Firma, der "jemand" ist und damit Chef über seine Mitarbeiter - basiert dieses Verhalten nicht auf nachhaltigen Denkmustern, sondern auf kurzweiliger Begeisterung.

Man könnte im Umkehrschluss auch Folgendes sagen: Je mehr eine Frau - oder lassen Sie mich auch hier wieder geschlechtsneutral bleiben. Nicht, dass Sie ein drittes Mal denken, ich möchte mich nur auf das Verhalten von Frauen fixieren. Also: Je mehr eine Person sich von Instinkten steuern lässt (anstatt der Vernunft zu folgen), desto mehr wird sie sich von oberflächlichen Mechanismen wie Alpha-Verhalten in einer Gruppe beeindrucken lassen. Je mehr sich eine Person von solchen Mechanismen beeinflussen lässt, desto schneller, kurzlebiger und oberflächlicher sind diese Impulse.

Dementsprechend wird sich eine solche Person auch genau so schnell, wie sie durch Mechanismen zu begeistern war (egal ob sie authentisch gelebt werden oder durch Manipulation erfolgen), natürlich auch von gleichen Mechanismen durch andere beeinflussen lassen.

In der Praxis sieht das so aus: Sie legen beispielsweise als Mann eine grandiose Rock-Star-Mentalität an den Tag, die im Gruppenverhalten dazu führt, dass Sie als Alphatierchen wahrgenommen werden und entsprechende Frauen anziehen.

Nach wenigen Wochen haben Sie weniger Zeit, um sich auf das Umsetzen eines Alpha-Verhaltens zu kümmern, weil sie beruflich stark belastet sind. Zeitgleich kommt ein anderer Rock-Star einer anderen Band mit besagter Frau in Berührung, die sodann ebenso schnell das Interesse an Ihnen verliert, wie es geweckt wurde, da ja bereits ein neuer Stern am Horizont erstrahlt.

Das Beispiel ist natürlich etwas überspitzt, aber ich denke, Sie wissen schon, worauf ich hinaus will.

Denn eine Person, die an einer ernsthaften und tiefgehenden Beziehung interessiert ist, wird umso mehr ihrer Vernunft und ihrem Bauchgefühl folgen, als sich rein den Instinkten hinzugeben wie ein Tier, das dem Alpha-Wölfchen des Rudels folgt.

Unterscheidet uns nicht genau das von Tieren, dass wir unseren Verstand benutzen können und eben nicht gezwungen sind, blind animalischen Trieben zu folgen?

Sie werden vielleicht schon festgestellt haben: Je intelligenter und auch anspruchsvoller ein Mensch ist, umso mehr wird er sich nicht von Dingen manipulieren oder austricksen lassen, sondern eher seinen Verstand benutzen.

Wieso sollte es also in Liebesfragen anders sein? Intelligente und anspruchsvolle Frauen, die sich in meinem Freundeskreis befinden, durchschauen beispielsweise das beschriebene gespielte Alpha-Verhalten und fühlen sich von derartigen Männern eher abgeschreckt oder sogar abgestoßen.

Anders verhält es sich demnach mit rein instinktgesteuerten Personen.

Sie werden, so sehr "alpha" Sie auch sein oder praktizieren mögen, in Ihrem Leben immer Phasen haben, in denen Sie übermäßig belastet sind. Phasen, in denen es Ihnen schlecht geht oder Sie Hilfe von anderen in Anspruch nehmen müssen.

In diesen Phasen werden Sie unter Umständen kein Alpha-Verhalten an den Tag legen können.

Für Menschen, die sich nun rein oder größtenteils von ihren animalischen Instinkten beeinflussen und steuern lassen, werden Sie in diesen Phasen uninteressanter werden. Anstatt dass Sie auf ihre Unterstützung hoffen können, werden sich diese Menschen anderweitig umsehen, wo ein größerer Alpha-Status zu holen ist. Diese Menschen werden Sie demnach im Stich lassen.

Anders als anspruchsvolle und von Vernunft gesteuerte Menschen, die sie stattdessen unterstützen werden, für Sie da sein werden und versuchen werden, Ihnen zu helfen wo sie nur können.

Eine Sache sei an dieser Stelle aber noch erwähnt: Eine gesunde Portion Alpha-Verhalten hat noch niemandem geschadet. Gerade Menschen, die, wie beispielsweise ich früher, dazu neigen, das sogenannte "Nice Guy"-Verhalten zu praktizieren, sollten die goldene Mitte zwischen "zu nett" und "zu sehr Macho" finden.

Denn der sozialwissenschaftliche Hintergrund des Buches "Das Lob des Sexismus" hat sehr wohl einen wahren Kern.

Tatsache ist, dass Frauen sich von Männern angezogen fühlen, die Stärke (in welchen Formen auch immer) an den Tag legen können. Hier spielt eben das Maß die große Rolle und wie sich diese Stärke ausdrückt.

Wenn Sie beispielsweise ein Mensch sind, der hohe Ansprüche, Vorstellungen und Ziele im Leben hat und bereit sind, diese auch zu fordern oder durchzusetzen, dann legen Sie in gewisser Weise bereits ein klares Alpha-Verhalten an den Tag. Und dies, ohne künstlich einen auf Bad Boy zu machen im Versuch, oberflächliche potentielle (kurzweilige) Partner zu manipulieren - mit Hilfe von Lügen oder gespieltem Verhalten.

Zusammenfassend kann man auch sagen, dass man offensichtlich sehr wohl Gegensätze anzieht. Wenn Sie sich oberflächlich alpha-mäßig verhalten, werden sie Partner finden, die auf oberflächliches Alpha-Verhalten anspringen und Sie ebenso schnell wieder verlassen werden, wie sie gekommen sind.

Andersrum (wie beispielsweise in meiner allerersten Beziehung), wenn Sie ein Nice-Guy-Verhalten praktizieren, sich selbst ohne Grund bereitwillig aufopfern, ohne selbst etwas zu fordern und Ihren Partner auf einen goldenen Thron setzen, werden Sie eine Affinität zu genau so einer Person aufbauen, die dies alles in Anspruch nimmt.

Sie werden jemanden "abbekommen", der sich von Ihnen nimmt, was er bekommt, ohne etwas zurückzugeben. Er wird Sie von oben herab behandeln und noch mehr von Ihnen verlangen, als Sie eh schon geben.

Dies lässt sich beliebig fortführen. So wird ein Ronald, der Liebe mit Abhängigkeit verwechselt, immer eine Nadine (oder Ina) finden, die ihn in die Position bringt, ihr hinterher zu laufen.

Auch ein Olaf, der keine klare Definition von Treue festlegen kann, wird immer einen Partner finden, mit dem die zwischenmenschliche und besonders sexspezifische Situation in ein chaotisches Wirrwarr ausufern wird.

Denn wieso denkt jemand, der selbst nicht in der Lage ist, Treue zu praktizieren oder klar zu definieren, diese von seinem Partner fordern zu können?

Überlegen Sie sich, was Ihnen wichtig ist und was Sie fordern. Werden Sie selbst Praktizierender Nummer 1 genau dieser Charakterzüge. Dann werden Sie auch die Affinität zu Menschen erlangen, die Ihre Vorstellungen teilen und diese Charakterzüge auch selbst besitzen.

Error 7: Spielchen und Bestrafung

Wo wir nun schon dabei sind, über das eigene Verhalten, Affinitäten und die Erwartungen an einen Partner zu sprechen, ist dies vermutlich ein gutes nächstes Kapitel.

Eine Geschichte von Rina wird hierfür gut geeignet sein.

An einem sonnigen Samstag Nachmittag saßen wir im Park.Es war zu einer Zeit, in der Rina noch eine längere Beziehung mit Justin gehabt hatte.

Ich putzte gerade meine Sonnenbrille, während Rina am Handy herum spielte.

"So ein Idiot", knurrte sie. "Vor vier Stunden die letzte Nachricht. Seitdem nichts mehr."

Sie packte ihr Handy in ihre Handtasche und starrte auf den kleinen See, der sich vor uns im Park befand.

"War er online?", fragte ich.

"Ja klar!", gab Rina energisch zurück. "Vor vier Minuten das letzte Mal!"

Sie scharrte mit den Füßen im Gras.

"Ich verstehe so etwas immer nicht", antwortete ich und schüttelte langsam den Kopf. "Ich finde es vollkommen lächerlich, wenn Leute immer sagen, dass sie keine Zeit hatten zu antworten. Es geht ja schließlich um den Partner. Wieso sollte man, wenn man offensichtlich online war, nicht kurz Zeit haben, eine Nachricht zu schreiben wie: "Kann grad nicht, bin im Büro" oder so? Komischerweise habe ich so etwas immer geschafft. Daher gibt es für mich die Ausrede nicht, dass man für etwas keine Zeit hatte. Ist ja offensichtlich nicht so, als würde er gerade Auto fahren und könne das Handy nicht in die Hand nehmen. Sonst wäre er ja nicht online."

"Ich kapiere es auch nicht", antwortete Rina wütend und verschränkte die Arme.

Sie starrte eine Weile in die Luft

Das Handy vibrierte in ihrer Tasche.

Obwohl sie es gerade weggepackt hatte, holte sie es ebenso schnell wieder heraus.

"Hey Baby, war gestern feiern und lag noch im Bett herum. Ausnüchtern… War das eine Nacht!", las Rina vor und machte ein verächtliches Geräusch. "Und wieso warst du dann online? Und wieso hast du mir nicht geantwortet?"

Rina packte das Handy wieder in die Tasche.

"Der Arsch braucht nicht zu denken, dass ich ihm jetzt antworte." Sie verschränkte die Arme.

Einige Momente verstrichen.

In Rinas Tasche hörte man das Telefon vibrieren.

Dann nochmal. Dann ein weiteres Mal.

Rinas Blick wanderte kurz nach unten, dann wieder hoch. Ihre Arme waren immer noch verschränkt und sie hatte einen trotzigen Blick. Sie regte sich nicht.

Das Handy vibrierte wieder.

Rina reagierte nicht.

Ich musste lachen.

Einige Stunden später waren wir mit einigen Leuten im R7-Club.

Wir standen gerade so im Hof herum und tranken Bier.

Rina regte sich plötzlich über ihren Freund Justin auf.

"Jetzt schreibt er schon wieder nicht! Das geht mir so auf die Nerven!"

"Wo ist der gerade?", fragte ich. "Kommt er auch hierher?"

"Nee", gab Rina zurück. "Der wollte wieder mit seinen Kumpels saufen gehen. Das hier ist ja nicht so seine Musik, der hört ja eher Hardcore, Metal und so. Aber er wollte vielleicht danach noch kurz herkommen zu uns."

Rina starrte auf ihr Handy. Ein Chat-Verlauf war zu sehen.

Mit einem flüchtigen Blick konnte ich erkennen, dass die letzten vier Nachrichten von ihr waren.

"Online vor vier Minuten", sagte sie wütend und stampfte leicht mit dem Fuß auf. "Der regt mich so auf! Wie heute Nachmittag schon antwortet er nicht!"

"Naja, wenn er gerade mit seinen Kumpels feiern geht, hat er vielleicht nur kurz aufs Handy geschaut und die Nachrichten gelesen…?", versuchte ich die Stimmung zu heben.

Gleichzeitig dachte ich mir allerdings das Gleiche wie schon nachmittags. Wenn er kurz Zeit hatte, die Nachricht zu lesen, würde er ja wohl schnell antworten können.

Allerdings reden wir hier auch von "zuletzt online vor 4 Minuten" und nicht von mehreren Stunden Ignoranz, also musste man ja nicht gleich übertreiben.

Prompt vibrierte in diesem Moment Rinas Handy und Justin schien zurückgeschrieben zu haben.

"Natürlich hat er es gelesen, aber er antwortet...", wollte Rina gerade sagen, doch dann bemerkte sie die Vibration.

Sie entsperrte ihr Handy und sah auf das Display. Ein leichtes gönnerhaftes Schmunzeln ging über ihre Lippen. Dann steckte sie das Handy wieder weg.

Einige Sekunden später vibrierte es wieder.

Das gleiche Spiel wiederholte sich.

Als Rina das Handy wieder weggesteckt hatte, fragte ich sie: "Schreibt er jetzt, oder...?"

"Ja", gab sie knapp zurück und fügte ein stolzes "aber ich nicht!" hinzu.

"Extra nicht?" Ich zog die Augenbrauen nach oben und trank einen Schluck Bier.

"Natürlich." Rina zog die Nase nach oben und sah zur Seite. "Der braucht nicht zu meinen, dass er mit mir so umspringen kann. Und dass es heute noch Sex gibt, braucht er auch nicht zu glauben."

Ich schüttelte grinsend den Kopf.

"Aber was bringt das denn, wenn du nicht antwortest? Du regst dich doch ständig auf, dass er nicht antwortet. Dann antwortest du extra nicht und dann wird er wieder nicht antworten. Dann ist das so ein sinnloses Hin- und Her. Man sollte in einer Beziehung nicht darüber nachdenken müssen, wann man wie schreibt oder antwortet."

Rina antwortete nichts.

"Kann er vergessen...", sagte sie dann nur leise.

Ich seufzte.

Einige Stunden später hatte Rina gut einen sitzen. Wir waren im dritten Floor gewesen und brauchten ein wenig frische Luft, daher standen wir wieder im Hof des R7-Clubs.

Ich unterhielt mich gerade mit einem Bekannten, als Rina schließlich ein lautes Geräusch machte, um die Aufmerksamkeit auf sich zu ziehen.

Wir drehten uns zu ihr um.

"Ach Mann! Ich will ihm antworten. Soll ich ihm antworten?" Rina verzog leidend das Gesicht.

Ich sah sie fragend an.

"Er hat sich jetzt bei mir entschuldigt! Voll süß. Dass es ihm leid tut, dass er so wenig geschrieben hat und so. Ich wollte ihn noch bluten lassen und heute nichts schreiben. Als Strafe. Aber soll ich ihm nicht doch schreiben? Ich will!"

Rina sah mich bettelnd an, als würde sie um meine Erlaubnis fragen.

Ich kapierte nicht, was das sollte.

"Schreib ihm doch einfach, meine Güte!", stieß ich aus.

Oder auch nicht! Mach was du denkst!, fügte ich in Gedanken hinzu und schüttelte den Kopf.

Rina strahlte zufrieden und fing an, auf dem Handy herumzutippen.

Ich denke, hier gibt es nicht so viel zu sagen, lieber Leser.

Was wir in diesem Beispiel gesehen haben, ist noch eine sehr milde Form von Bestrafung oder Spielchen, die aber dennoch sehr häufig vorkommt.

Weitaus schlimmere Formen sind jedoch natürlich vorhanden und Sie würden sich wundern, was alles so in ach so guten und tollen Beziehungen passiert.

Von absichtlichem Versetzen bei einer Verabredung über gezieltes Flirten vor dem Partner bis hin zu Diebstahl ist alles vertreten. All dies findet unter dem Deckmantel einer Beziehung statt und dient meist dazu, die Machtverhältnisse in einer Beziehung zu den eigenen Gunsten zu verschieben.

Wenn schon von Machtverhältnissen in einer Beziehung gesprochen wird, stellt sich natürlich die Frage, ob es sich überhaupt noch um eine Liebesbeziehung handelt.

Viele werden jetzt sagen, dass Macht in einer Beziehung immer eine Rolle spielt, oder wer die Hosen anhat. Dass es nicht anders geht und immer einer von beiden eher den Ton angibt.

Ich sage Ihnen, dass so etwas in einer gesunden Beziehung nicht notwendig ist.

Viele Beziehungen gehen vollständig mit Forderungen einher. Wenn ich dir A gebe, erwarte ich eigentlich B. Wenn sie mir dann mal wieder C gibt, werde ich erst dann auch wieder D geben.

Wenn sie gerne eine ausgiebige Rückenmassage hätte, gebe ich sie ihr erst, wenn sie mit mir geschlafen hat. Wenn er abends unbedingt das Fußballspiel sehen will, erwarte ich, dass er mich auch zum Dinner einlädt.

Lieber Leser, dass wir in einer Beziehung Ansprüche und Erwartungen haben, steht außer Frage. Doch es kommt auf die Art und Weise an, wie beide Partner damit umgehen.

Das ideale Verhalten sieht meiner Meinung nach nämlich genau umgekehrt aus.

Sie geben Ihrem Partner etwas, weil Sie ihn lieben. Ihr Partner gibt Ihnen etwas zurück. Allerdings hätte er Ihnen auch etwas gegeben, wenn Sie ihm nichts gegeben hätten, weil er Sie liebt und es sowieso getan hätte. So wie Sie ihm.

Es geht also nicht darum, so wenig wie möglich zu geben und möglichst viel dafür zu bekommen. Viele Beziehungen sind von diesem Egoismus geprägt und ich frage mich ständig, wieso die Leute es einfach nicht kapieren, dass es so zu nichts führt.

Vielmehr geht es darum - und das sollte eigentlich automatisch so sein wenn Sie jemanden lieben - so viel wie möglich zu geben. Und dafür so viel wie möglich zu bekommen, weil es sowieso auf Gegenseitigkeit beruhen sollte.

Wieso geben Sie ihr die Rückenmassage nicht einfach? Wieso schlafen Sie nicht einfach mit ihm, wenn er es gerade unbedingt gerne hätte? Wieso laden Sie Ihre Frau nicht einfach so zum Dinner ein, ohne Hintergedanken? Wieso lassen Sie Ihn nicht einfach das Fußballspiel anschauen, wenn er es will und setzen sich mit Popcorn dazu?

Spielchen und Bestrafung sind ein typisches Resultat der Unfähigkeit von Menschen, dieses beschriebene Verhalten zu praktizieren.

Natürlich gehören zwei dazu.

Es bringt nichts, wenn Sie bereit sind, aus purem Altruismus alles zu geben, was Sie nur können, und Ihr Partner dies ausnutzt. Das führt dann eher zu einer Form von Hinterherlaufen, wie es beispielsweise bei Ronald und Nadine der Fall war. Oder zu einem Ausgenutztwerden, wie es bei meiner ersten Freundin der Fall war.

Anstatt mit Spielchen oder Formen von Bestrafung zu beginnen, weil Ihr Partner Ihnen nichts zurückgibt, sollten Sie sich eher fragen, ob so eine Beziehung einen Sinn hat.

Denn wenn der Moment kommt, in dem Sie anfangen zu überlegen, ob Sie Ihrem Partner vorerst mal genug gegeben haben und er Ihnen erstmal etwas zurückgeben muss, stimmt schon etwas nicht.

In einer gesunden Beziehung funktioniert so etwas automatisch und man muss nicht mehr darüber nachdenken. Es spielt schlichtweg keine Rolle mehr und jeder Partner bekommt zur Genüge das, was er braucht.

Das gleiche gilt also auch für die Kommunikation.

Wenn Sie jemand sind, der seinen Partner anschreibt und vergeblich auf seine Antwort wartet, dann sind Sie niemand, der aufdringlich, einengend oder klammernd ist.

Lassen Sie sich nicht von anderen Leuten als Tipp einreden, dass Sie mal auf Abstand gehen und extra nicht zurückschreiben sollen, wenn dann doch die erwünschte Antwort kommt. Lassen Sie sich auch nicht einreden, dass Sie klammern oder Ihren Partner einengen.

Denn Sie sind eben jemand, der viel Kontakt will und auch braucht und daran ist überhaupt nichts falsch!

Im Gegenteil, es ist eher ein Zeichen, dass Sie eine gesunde, tiefgehende Beziehung mit viel Kontakt wollen. Denn in einer gesunden, tiefgehenden Beziehung kann man nicht genug voneinander kriegen und möchte am liebsten ständig Kontakt, so einfach ist das.

Und zwar nicht nur am Anfang einer Beziehung, sondern ständig!

Mehr dazu noch später im Kapitel Error 12: Ich brauche Zeit für mich.

Leute, die Ihnen ständig nicht auf Chatnachrichten antworten, sind entweder nicht genug an Ihnen interessiert oder vom Typ her anders, so dass sie weniger Kommunikation (in Form von Schreiben) brauchen.

Anstatt also mit Spielchen oder Bestrafung zu beginnen, die Ihren Partner konditionieren und die gewünschten Resultate erzwingen sollen, fragen Sie sich lieber, ob die Beziehung einen Sinn hat.

Rina trennte sich natürlich von Justin. Es dauerte aber um die drei Jahre, um zu dieser Erkenntnis zu kommen.

Error 8: Untreue: Es ist einfach so passiert

Paul saß zuhause auf seinem Bett.

Unruhig wippte er mit den Beinen hin und her. Sie war bei diesem Fotografen und das schon den ganzen Nachmittag. Irgendwas stimmte da nicht.

Sandra, Pauls Freundin, war 24 und "Alternative-Model". Zumindest bezeichnete sie sich gerne so, womit sie sich in eine Gruppe von Möchtegern-Models eingliederte, die sich mit alternativen Szenen wie der Gothic-, Fetisch- oder Punk-Szene beschäftigte und regelmäßige Shootings durchführte. Natürlich ohne jegliche Verdienste.

Auf TFP-Basis, versteht sich, was "Time for prints" oder auch "Time for pictures" bedeutete und in der Fotografie für eine Vereinbarung zwischen einem Fotomodell und einem Fotografen stand, bei der das Modell nicht mit einer Gage, sondern mit den Resultaten der Fotoaufnahmen für seine Dienste entlohnt wurde.

Paul verstand es nicht ganz, denn eigentlich sollte ein Model doch Aufträge annehmen und für Shootings Geld bekommen.

Doch Sandra zahlte manchmal sogar Geld, um ein Shooting zu bekommen. Sie zahlte zum Beispiel für das Ausleihen von seltenen "Outfits" oder für Studio-Mietkosten.

Aber Paul akzeptierte es. Er war viel zu verliebt. Sie war hübsch und hatte einen tollen Körper.

"Ich zeige mich eben gerne", hatte sie gesagt, als er ein sehr freizügiges Foto von ihr auf ihrem Facebook-Account angeschaut hatte. "Ich stehe zu meinem Körper. Also kann ich ihn auch herzeigen."

Paul wunderte sich über die ganzen Hashtags, die in der Beschreibung eingebaut waren.

"Die sind für Reichweite", hatte Sandra beiläufig erwähnt. "Dann sehen es mehr Leute und andere Fotografen, so bekommt man eben schneller neue Shootings und so."

Paul war es schon ein wenig unangenehm, dass die ganze Welt seine Freundin in Dessous auf Facebook sehen konnte, aber was soll's. Es war eben ihr Hobby. Und sie zeigte sich eben gern. Auch nackt. Und nicht nur ihm, wie sich schnell herausstellte.

Es war fast acht Uhr abends.

Sandra hatte sich seit dem Nachmittag nicht mehr gemeldet.

Vermutlich war sie mit dem Shooting beschäftigt.

"Tambori-Photogaphy", las Paul laut und verzog das Gesicht. Er war gerade auf dem Instagram-Account des Fotografen.

"Der Typ ist der Hammer", hatte Sandra ihm letzte Woche begeistert mitgeteilt. "Die Fotos, die er macht, sind einfach genial! Schau, wie er mit den Schatten spielt. Er ist absoluter Profi."

Paul hatte ein Foto einer nackten Frau gesehen, die eingerollt auf dem Boden lag und die Hand über den Brüsten hatte. Sie lächelte sehnsüchtig in die Kamera.

Paul fand an dem Bild nichts besonderes, außer dass es auf Graustufen gestellt war und der Kontrast erhöht worden war.

Raw Therapy und zwei Regler verschieben, das war's, hatte Paul sich gedacht, der im Bereich digitale Medien für Print und Web arbeitete. Er verstand die Begeisterung nicht.

"Die ist ja nackt", hatte er zudem von sich gegeben.

"Das ist ein Akt-Shooting. Sowas macht der auch." Sandra hatte ihn skeptisch angeschaut. "Bist du jetzt etwa zu prüde? Denkst wohl, ich will das auch machen. Komm mal 'runter, ich mach sowas nicht. Maximal Teilakt."

Paul scrollte durch die Bilder des Instagram-Accounts von "Tambori-Photography".

Tambori-Photography - was war das überhaupt für ein dummer Name?, dachte er sich.

Es waren fast ausschließlich Frauen auf den Bildern. Teilweise auch nackt. Fast immer waren die entsprechenden Stellen mit der Hand bedeckt oder ins Dunkle gerückt, sodass man nichts erkennen konnte. Auf manchen Fotos waren einfach die Brüste verschwommen. Vermutlich damit das Foto auf Instagram nicht gelöscht wurde.

Paul schaute auf die Uhr. Es war elf. Sandra meldete sich nicht.

Er war nervös, dachte aber schließlich daran, dass er sich keinen zu großen Kopf machen wollte. Sandra hatte ihm vor drei Monaten in der Kennenlernphase gesagt, dass sie sich schnell eingeengt fühlte. Sie mochte es, frei zu sein und zu tun, was sie wollte. Aber Treue und Ehrlichkeit seien ihr sehr wichtig.

Wieso also sich übermäßig einen Kopf machen?

Irgendwie schaffte Paul es einzuschlafen.

Paul wachte auf, weil ein Knall im Flur zu hören war.

Er richtete sich verschlafen auf und rieb sich die Augen.

Sandra, dachte er und sah das Licht im Flur.

Er schaute auf die Uhr und stellte entsetzt fest, dass es bereits nach neun Uhr war.

Einige Minuten verstrichen, aber Sandra kam nicht ins Schlafzimmer.

Schließlich richtete Paul sich auf und betrat in seinen Boxer-Shorts den Flur.

"Hey…!", murmelte er und lächelte irritiert. "Wo warst du so lange?"

Sandra lächelte flüchtig, drehte sich dann aber schnell von ihm weg. "Ich muss das wegräumen", antwortete sie flüchtig und kramte in ihrer Reisetasche herum.

Paul erkannte sofort, dass sie ihm auswich.

"Wo warst du so lange?", wiederholte er. "Du wolltest abends wiederkommen, nicht erst jetzt."

"Habe ich jetzt neuerdings Meldepflicht bei dir, wann ich was wo mache?", fauchte sie ihn an.

Paul war überrumpelt. Das schwache Lächeln wich aus seinem Gesicht.

"Natürlich nicht, aber…"

"Wieso fragst du dann so nach. Als würdest du mich kontrollieren wollen." Sie hatte sich in seine Richtung gedreht.

Paul wurde jetzt wütend. Erst ließ sie ihn die ganze Nacht im Unklaren und jetzt drehte sie es noch so, als würde er sie kontrollieren.

"Was soll dieser Schwachsinn?", rief er. "Ich möchte wissen, wo du so lange warst? Etwa bei diesem Fotografen?" Er stemmte die Hände in die Hüften und sah Sandra an.

Sie lachte künstlich und schüttelte genervt den Kopf. "Ich…"

"Was ich?" Paul machte einen Schritt auf sie zu. "Warst du bei ihm oder nicht? Ist eine einfache Frage!"

"Natürlich war ich bei ihm, ich habe ja schließlich das Shooting mit ihm gemacht!"

Sandra drehte sich wieder in die andere Richtung und fing an, in ihrer Tasche herumzukramen.

Paul verzog das Gesicht. "Halt mich jetzt nicht für blöd. Ich rede davon, wo du danach warst. Und vor allem nachts!"

"Ich sagte…"

Sandra schien sich plötzlich sehr in die Enge gedrängt zu fühlen. Sie wirkte sehr defensiv.

"Wir waren noch etwas trinken. Einfach anstoßen auf das tolle Shooting", sagte sie und blickte auf ihre Tasche. Ihre Hände bewegten sich nicht mehr.

"Etwas trinken? In einer Bar?", wollte Paul wissen.

"Ja, wo sonst?", zischte Sandra.

"Und danach? Was ist mit der ganzen Nacht?" Paul ließ nicht locker.

"Nichts danach!" Sandra ließ eine kurze Pause und fing dann an herumzustottern. "Er hat mir noch etwas von seiner Ausrüstung gezeigt. Weil ich mich dafür interessiert habe und...Während wir das Bier getrunken haben und..."

"Bier getrunken?", trieb Paul Sandra in die Enge. "Ich dachte, ihr wart in einer Bar? Was denn jetzt?"

"Ja, waren wir ja auch, aber danach..."

"Wart ihr jetzt in einer scheiß Bar oder nicht?", schrie Paul, der nun sichtlich sauer war.

"Wir waren nicht in einer scheiß Bar, okay? Wir waren bei ihm", wurde Sandra plötzlich ruhiger.

"Wir haben ein Bier getrunken und er hat mir seine Ausrüstung gezeigt..."

"Habt ihr was gemacht?" Paul trat noch einen Schritt auf Sandra zu. "Hast du mich betrogen? Habt ihr miteinander geschlafen?"

Sandra ließ die Henkel ihrer Reisetasche fallen, an der sie sich bislang noch festgeklammert hatte.

"Wir haben Bier getrunken...etwas zu viel vielleicht..."

"Ein Bier? Oder zwei Bier. Oder fünf Bier?" Paul machte eine Pause und wiederholte schließlich: "Hast du mich betrogen?"

Sandra seufzte laut. "Es ist einfach so passiert!", stieß sie aus und fasste sich an den Kopf. "Es war einfach zu viel, okay? Einfach zu viel Alkohol. Ich weiß gar nicht mehr genau, was wann passiert ist..."

"Und das macht es besser?" Paul fasste sich an die Stirn und drehte sich weg. Seine schlimmste Befürchtung war wahr geworden.

"Es tut mir leid, okay?", stieß Sandra aus. "Es...es ist einfach passiert! Ich weiß auch nicht..."

"Es tut dir leid? Und du denkst, dass es das jetzt besser macht?"

Paul ging ins Schlafzimmer, um seine Sachen zu packen.

Lieber Leser, man könnte meinen, dass Untreue einer der offensichtlichsten Beziehungsfehler der Gesellschaft ist, doch erstaunlich oft ist er auch einer der häufigsten.

Natürlich ist die Geschichte eine von hunderten, tausenden oder vermutlich eher hunderttausenden, die täglich irgendwo so oder in verschiedensten Facetten ablaufen. Ich habe versucht, mich ein wenig kürzer zu halten, da Sie ja sowieso wussten, worauf es hinausläuft.

An dieser Stelle hatte Sandra sich nicht einmal die Mühe gemacht, nach einer Ausrede zu suchen.

Viele Menschen betrügen ja ihren Partner offensichtlich nicht selten sehr lange mit Hilfe von Ausreden, bevor es schließlich irgendwann doch herauskommt. Was es eigentlich immer tut. Dabei reicht es vom schnellen Betrug nach der dreimonatigen Beziehung zwischen Paul und Sandra über die längere Affäre in der zehnjährigen Beziehung bis hin zum permanenten Fremdgehen in einer Ehe mit drei Kindern.

Egal wie viele hunderttausende Fälle es auch geben mag, sie alle sind auf eine klare Ursache zurückzuführen: Auf die unfassbare Charakterschwäche eines Menschen.

Wie oft schon habe ich mich gefragt, wieso Menschen nicht einfach imstande sind, eine Beziehung zu beenden, sich dann weiter umzusehen und dann einen neuen Geschlechtspartner zu suchen?

Auch hier kann man parallelen zur Geschichte mit Ina, meiner Ex-Freundin, feststellen, denn im Grunde war es ja auch eine Form von Betrug.

Viele Menschen sind nicht fähig, sich aus einer Beziehung zu lösen und dann einen neuen Partner zu suchen. Lieber suchen sie parallel zur bestehenden Beziehung, denn wer ein Backup hat, ist doch besser dran, oder nicht?

Viele benutzen die Beziehung als Wohlfühl-Basis, um sich etwas anderes zu suchen, seien die Gründe nun sexuelle Langeweile, Unzufriedenheit oder anderes. Es ist nun mal bequemer, zurückkehren zu können und nichts verloren zu haben, wenn der neue Partner doch nichts taugt.

Lassen Sie mich an dieser Stelle ausdrücken, wie abgrundtief abstoßend ich derartiges Verhalten empfinde. Wer selbst würde wollen, die zweite Wahl zu sein, das Leid eines Betruges zu erleben oder generell belogen und verletzt zu werden?

Genau, niemand.

Also warum handeln Menschen so und nehmen sich etwas heraus, das sie selbst am eigenen Leib nicht erfahren wollen würden - und das noch gegenüber Menschen, denen sie sagen, dass sie sie lieben?

Die Antwort ist: Aus purem Egoismus.

Wer fähig ist zu betrügen, sollte sich auch über den Schmerz im Klaren sein, den er bei anderen verursacht und sich fragen, ob er diesen selbst erleben wollen würde.

Leider ist es den meisten Menschen egal, was auf die angesprochene Charakterschwäche zurückzuführen ist. Große Empathielosigkeit ist auch oft einer der Gründe.

Wenn eine Person sexuell oder anderweitig unzufrieden ist, dann sollte sie (sofern die Probleme nicht lösbar sind) die Beziehung beenden und sich einen Partner suchen, der diese Zufriedenheit herstellen kann. Dann muss auch niemand betrogen werden.

Mein lieber Leser, die beliebte Phrase "Es ist einfach so passiert" werde ich nicht zu ausführlich erläutern müssen, oder?

Es ist klar, dass Betroffene und entsprechend charakterschwache Menschen nach Ausreden suchen, die ihr Verhalten rechtfertigen.

Fakt ist aber: Es gibt keine.

Aufgrund der Charakterschwäche sind betroffene Menschen nicht fähig, die Verantwortung für ihr Handeln zu übernehmen und suchen nach anderen Begründungen, die oft in Kombination mit dem Allheilmittel "Es ist einfach so passiert" kombiniert werden.

Es war zu viel Alkohol im Spiel.

Zwischen uns läuft es ja zur Zeit nicht so gut.

Der langweilige Beziehungsalltag macht mich fertig.

Ich wollte aus dem Gefängnis der Ehe oder der Familie mit Kindern ausbrechen und mich frei fühlen.

Seien Sie sich im Klaren darüber, dass diese Begründungen absoluter Unsinn sind, die nur vom Wesentlichen ablenken sollen, denn alle lassen sich mit einem weiteren Satz beantworten.

Es war zu viel Alkohol im Spiel? Dann trink nicht soviel, dass du nichts mehr mitkriegst.

Zwischen uns läuft es ja zur Zeit nicht so gut? Dann mach etwas, dass es besser läuft oder beende die Beziehung, wenn du nicht zufrieden bist.

Der langweilige Beziehungsalltag macht dich fertig? Dann bring Abwechslung in den Alltag oder beende auch hier die Beziehung, wenn sie dir nichts mehr gibt.

Die Ehe ist ein Gefängnis für dich? Dann hättest du eben nicht geheiratet. Oder lasse dich scheiden.

Die Familie mit Kindern ist ein Gefängnis für dich? Du solltest dich schämen, Kinder in die Welt gesetzt zu haben, denn jedes Kind verdient eine stabile Elternbeziehung und -erziehung. Wenn dir das trotzdem egal ist, beende die Beziehung.

Sie sehen also, in allen Fällen ist offensichtlich ein Problem vorhanden, aber keins davon rechtfertigt oder führt notgedrungen dazu, dass Ihr Partner Sie hintergeht und betrügt.

Es sind also einfach nur schwache Ausreden.

Besonders beliebt ist die Alkohol-Ausrede.

Wenn Sie schon einmal total betrunken waren, wovon ich hier jetzt einfach mal ausgehe, so werden Sie gemerkt haben, dass Sie zwar hemmungsloser werden, aber immer noch genau sehen und wissen, was Sie gerade tun.

Wenn Sie der Meinung sind, dass Sie hackedicht sind und das dann überhaupt nicht der Fall ist, achten Sie beim nächsten Mal darauf.

Egal, wie sehr Sie herumtorkeln oder lallen, Sie werden feststellen, dass Sie noch normale Gedanken formen können. Wenn Sie jemanden sehen, erkennen Sie ihn. Wenn sie jemanden berühren, spüren Sie, wer das ist.

Wenn Ihnen also jemand weismachen will, dass er sich selbst nicht mehr unter Kontrolle hatte und es einfach so passiert sei, ist es einfach eine Lüge!

Wenn diese Person trinkt, weiß sie, dass sie trinkt.

Wenn diese Person sich mit einem anderen potentiellen Geschlechtspartner unterhält, weiß sie es.

Wenn diese Person mit einem anderen Menschen anfängt zu flirten, weiß sie es.

Wenn diese Person mit der anderen nach Hause geht, um doch nur noch ein Bier zu trinken, weiß sie es.

Wenn diese Person sich von der anderen berühren lässt oder die andere berührt, weiß sie es.

Wenn diese Person mit der anderen schläft, weiß sie es.

Vermutlich denken Sie jetzt: Okay, langsam habe ich es kapiert, Schluss damit.

Ich wollte mit dieser Ausführung nur noch einmal verdeutlichen, wie viele unzählige Hürden es zwischen dem Beginn eines Betruges und dem tatsächlichen Fremdgehen gibt, die allesamt überschritten werden müssen.

Und da will Ihnen jemand weismachen, dass es einfach so passiert sei oder man keine Kontrolle wegen des Alkohols hatte?

Die Ausnahme ist natürlich, dass jemand sich krankenhausreif trinkt. Dann wird diese Person aber vermutlich auch nicht mehr für Sex zu gebrauchen sein.

Hierbei kommen wir direkt zu einem weiteren wichtigen Punkt, nämlich wann es denn eigentlich ein Betrug ist und wo die Grenzen liegen.

Mir fiel im Laufe meines Lebens auf, dass erstaunlich viele Menschen sehr hohe Toleranzen in Sachen Treue haben.

Ich habe zum Beispiel Leute sagen hören, einen anderen zu küssen könnte mal passieren und wäre noch verkraftbar, aber beim Fremdgehen wäre dann Schluss.

Viele sagen auch, dass sie kein Problem damit hätten, wenn ihr Partner auch mal mit anderen Leuten ohne ihr Wissen schreibt, solange nicht mehr draus wird und es wieder aufhört.

Jeder definiert diese Grenze anders und es gibt keine Richtlinie, aber lassen Sie mich einfach sagen, wie ich es sehe.

Geben Sie sich mit 70% Treue-Validität zufrieden? Ich nicht.

Ich akzeptiere nur 100%. Auch keine 90% und auch keine 99%.

Finden Sie, dass das zu radikal ist? Dann wundern Sie sich nicht, wenn sie doch irgendwann die heimlich geschrieben Nachrichten Ihrer Freundin oder Ihres Ehemannes lesen.

Wenn Sie sagen, dass doch keiner 100% ehrlich und treu in einer Beziehung ist, frage ich Sie: Wieso denken Sie so etwas?

Ich kann es allein deswegen schon sagen, weil ich selbst es bin. Ich würde nie meine Freundin belügen, betrügen oder ihr etwas verheimlichen.

Es gibt für mich auch keinen Grund dazu, weil ich in allen Bereichen der Beziehung zufrieden bin und daher nichts anderes suchen muss.

Ebensowenig würde ich es bei meinem Partner akzeptieren. Was nützen mir 90% Treue, wenn am Ende doch 10% dazu führen, dass heimliche Nachrichten oder ein heimliches Treffen die Beziehung belasten?

Lassen sie mich 100% Treue-Validität anhand eines Stufen-Prinzips (Angelehnt an die Geschichte mit Ina) erklären.

Stufe 0: Normaler alltäglicher Kontakt

Person A unterhält sich mit anderen Menschen. (Das Medium spielt keine Rolle, es kann Chat, Telefon oder echtes Gespräch sein). Dies kann in Form von alltäglichen Gesprächen mit der Kollegin oder dem Kollegen sein, der Schwester, dem Onkel oder einem Freund oder einer Freundin. Geschlecht und Alter spielen hierbei keine Rolle.

Stufe 1: Erste Kontaktsuche

Person A unterhält sich mit einem potentiellen Geschlechtspartner B, beispielsweise über Chat. Entscheidend ist hierbei, dass die Impulse der Kontaktaufnahme auch von Person A und nicht nur von der anderen Person B ausgehen. Dies zeigt sich beispielsweise in Kommentaren wie "Hey, wie geht es dir?", "Mir ist langweilig, was machst du so?" oder "Was machst du heute abend?".

Derartige Impulse werden also nicht nur beantwortet, sondern gehen von Person A aus.

Stufe 2: Fortgeschrittene Kontaktsuche
Person A sucht gezielt Treffen oder gemeinsame Aktivitäten mit der anderen Person B. Dies kann eine Party, ein Kinobesuch oder ein Treffen in einer Bar sein. Andere Personen können anwesend sein oder auch nicht, es spielt keine entscheidende Rolle. Tatsache ist, dass die entsprechende Person anwesend ist und Person A gezielt den Kontakt sucht.

Sufe 3: Isolation
Person A will sich gezielt mit Person B treffen. Es geht dabei nur noch um den konkreten Kontakt mit genau dieser Person, nicht mehr um den Inhalt bestimmter Aktivitäten. Ein Beispiel hierfür wäre das Treffen von Sandra mit Tambori-Photography.

Stufe 4: Körperlicher Kontakt
Diese Stufe kann unterschiedlich ausfallen. Teilweise entfällt sie ganz und es kommt direkt zu Stufe 5. Es kann auch ein Kuss von Person A und B in der Isolationsphase sein, oder einfache, aber deutliche Berührungen.

Stufe 5: Tatsächliches Fremdgehen
Person A schläft mit Person B

So, lieber Leser, wo beginnt nun bei diesem Modell der Betrug?

Ja doch logischerweise bei Stufe 1, oder?

Denn schon bei Stufe 1 ist die klare Intention vorhanden, mit einer anderen Person Kontakt aufzunehmen und diesen zu intensivieren.

Natürlich können Sie jetzt sagen, dass bei ein wenig Schreiben doch nichts dabei sei.

Auch wenn Ihr Partner mal mit einer oder einem anderen in eine Bar geht, gibt es doch nichts zu befürchten. Schließlich haben die beiden ja noch nichts gemacht.

Aber was bewegt Sie denn dazu, erst dort, bei Stufe 4 oder sogar erst bei 5 ihre Grenze zu ziehen, wenn offensichtlich alle anderen Stufen bereits eine Form des Betrugs implizieren?

Wenn ich von 100% Treue-Validität spreche, meine ich also damit, dass ein Betrug bereits bei Stufe 1 beginnt.

Ich rede hier natürlich nicht von dem kleinen, sympathischen Studienkollegen ihrer Freundin, mit dem sie sich ab und zu über alte Zeiten austauscht. Oder über die verheiratete langjährige Freundin und ehemalige Arbeitskollegin ihres Mannes, die Neuigkeiten über ihre neue Firma bei einem Kaffee erzählt. Beides wäre Stufe 0.

Ich rede hier von Carlos, dem Spanier aus Barcelona, der Ina in einer Bar trifft. Oder von Tambori-Photography, der sich mit Sandra privat in seiner Wohnung trifft, um ein Akt-Shooting zu machen. Oder von einer flüchtigen Arbeitskollegin Natascha, die Ihren Mann in die Sauna einlädt.

Wenn Ihr Partner derartige Kontakte von sich aus intensivieren will, ist es Ihr gutes Recht, die Sache in Frage zu stellen. Sie brauchen sich nicht zurückhalten und fragen, ob Sie nun ihren Partner einengen oder kontrollieren wollen. Ebensowenig müssen Sie sich derartige Vorwürfe an den Kopf werfen lassen, da die Fragwürdigkeit dieser Kontaktintensivierung berechtigt ist!

Denn was will ein Carlos oder ein Tambori Ihrer Partnerin denn bitte Gutes tun, was eine Kontaktintensivierung rechtfertigt? Von vergangenen Studienzeiten erzählen? Er kennt sie ja nicht und hat auch nicht mir ihr studiert. Und wollen Natascha und Ihr Mann in der Sauna über die Akten in Büro sprechen?

Sie sehen schon die Ironie in meinen Worten, aber wenn man sich eine Sache ansieht, merkt man schon mit geringem Menschenverstand sofort, ob es sich um Stufe 0 oder Stufe 1 in Sachen Kontakt handelt.

Also lassen Sie sich nicht von Beschönigungen, fadenscheinigen Begründungen oder gar Vorwürfen abhalten und schließlich hintergehen!

Im Gegenteil. Seien Sie sich stattdessen im Klaren darüber, dass die Beziehung im Grunde schon verwirkt ist, da die 100%-Treue-Grenze überschritten wurde. Und was nützt Ihnen ein Partner, der doch sehr treu ist, aber nur 90%?

Nichts, weil die Bereitschaft für Betrug an Ihnen vorhanden ist.

Es mag radikal für Sie klingen, aber wenn Sie eine Beziehung haben wollen, in der Sie niemanden betrügen und auch selbst nicht betrogen werden wollen, dann akzeptieren Sie nur absolute Treue oder gar nichts!

An dieser Stelle sei noch erwähnt, dass es natürlich auch die Fälle gibt, in denen Stufe 1-3 komplett übersprungen werden.

Wenn Ihr Partner auf eine Party geht, sich die Kante gibt und direkt mit einer anderen Frau nach Hause geht ("Es ist einfach so passiert") und Sie betrügt, waren offensichtlich Stufe 1-3 gar nicht notwendig.

In diesem Fall sollte aber sowieso klar sein, dass es sich um einen beziehungsunfähigen Archetypen in Sachen Treue handelt, bei dem Sie besser das Weite suchen. Denn so eine Form des Betrugs ist vermutlich nicht nur auf das Fremdgehen begrenzt. Vielmehr wird sich so ein negativer Charakterzug auch schnell in anderen Bereichen der Beziehung äußern.

Was übrigens auch gerne im Zusammenhang mit einem Betrug gesagt wird: Ich liebe dich trotzdem!

Ja, ich kann es auch oft nicht glauben, aber häufig wird vehement behauptet, dass die betrogene Person doch immer noch über alles geliebt wird.

Kurzer Einschub hierfür aus dem Siege-Club.

Rina hatte einst eine Freundin namens Jasmin. Als ich sie kennenlernte, erklärte mir Rina vorab, dass sie mit einem Mann schlafe, der seine Freundin mit ihr betrügt.

"Sie ist aber auch sehr naiv und unreif", behauptete Rina, während wir auf einer Bank im Außenbereich des Siege-Clubs saßen und Jasmin gerade Bier holte.

"Sie geht jetzt schon 3 Wochen mit ihm ins Bett, aber er hat noch nicht mit seiner Freundin Schluss gemacht. Er schläft sogar auch noch mit der. Jasmin meinte so naiv: Rina, der hat ihr letztens geschrieben, dass er sie noch über alles liebt. Und das tut der auch wirklich! Er hat zwar mit mir geschlafen, aber es tut ihm auch leid. Er will seine Freundin eigentlich nicht verletzen."

Es handelte sich hier um eine sehr bemitleidenswerte unreife 21-Jährige, die selbstverständlich nach 3 Jahren Beziehung und Zusammenzug mit besagtem Mann von jenem betrogen wurde. Danach haben sie sich natürlich getrennt.

Allerdings spielt das Alter an sich keine Rolle, da das Phänomen schon öfter und auch mit älteren Personen aufgetreten ist.

Lieber Leser, wie kommt jemand auf die Idee, einer betrogenen Person ins Gesicht zu sagen, dass er sie doch liebt und sie nicht verletzen will?

Auch hier ist es das gleiche Prinzip.

Es war eine vorsätzliche, rücksichtslose Tat, die bei klarem Verstand durchgeführt wurde. Wie kommt also jemand auf die Idee, das hier noch Liebe mit im Spiel sein sollte?

Wenn man jemanden liebt, will man ihn nicht verletzen. Wenn man jemanden betrügt, verletzt man ihn im Normalfall. Was hat das also noch mit Liebe zu tun?

Eine wichtige Sache noch, wenn Sie Treue erwarten:
Selbstverständlich ist entscheidend, dass sie selbst auch treu sind.

Sie können nicht erwarten, dass Ihr Partner Ihnen absolute Treue bietet, während sie das Ganze nicht so ernst nehmen und hier und da mal mit einer anderen Frau oder einem Mann flirten.

Wenn Sie selbst eher der Typ Mensch sind, dem Treue nicht wichtig ist, strahlen Sie dies natürlich auch aus und haben eine entsprechende Affinität.

Ein passendes Beispiel ist hier Olaf, der selbst Rina im Aufzug küsst, andere Frauen treffen will und auch mit ihnen schreibt, gleichzeitig jedoch Treue von Nina erwartet, die einem anderen Mann hinterher schaut.

Was um alles in der Welt bewegt ihn dazu, Treue zu fordern, wenn er selbst nicht mal dazu fähig ist?

Also, werden Sie sich über Ihren Standpunkt klar. Wenn Sie sich nach einer Beziehung sehnen, in der hundertprozentige Treue, Vertrauen und Offenheit absolut selbstverständlich sind, dann fangen Sie bei sich an. Dann akzeptieren Sie bei einem potentiellen Partner ebenfalls nur absolute Treue. Wenn diese nicht vorhanden ist, ziehen sie schnell weiter und vergeuden keine Zeit. Suchen Sie sich den Partner, der Ihren Wünschen entspricht und akzeptieren Sie insbesondere im Bereich der Treue keine Kompromisse!

Das Resultat (und ja, das gibt es wirklich) ist eine Beziehung absoluten Vertrauens, in denen Untreue, Lügen, Heimlichtuerei und Betrug nicht mehr existent sind. Sie werden sich zurücklehnen können in Zufriedenheit, dass Sie Ihrem Partner vertrauen können und er Ihnen.

Error 9: Ex-Partner: Ich muss den Kopf freikriegen

So, mein lieber Leser! Ich habe mich beim vorherigen Kapitel beeilt, da ich mich schon auf dieses hier geradezu gefreut habe, denn Ex-Freunde bzw. Ex-Freundinnen sind für mich auch ein Thema, zu dem ich einiges zu sagen habe.

Ich habe mich auch insbesondere deshalb gefreut, weil ich eine weitere wunderbare Geschichte für Sie parat habe.

Zunächst wieder eine kleine Beschreibung des Protagonisten in dieser Geschichte.

Florian, knapp über 30, ist groß, hat breite Schultern, lispelt ein wenig und trägt mehrere Piercings im Gesicht. Er ist ein Bekannter von mir, mit dem ich öfter in früheren Zeiten weggegangen bin. Manchmal auf Partys, manchmal auch ins Fitnessstudio.

Florian hat an sich eine recht offene und unkomplizierte Art. Irgendwann jedoch hatte er es sich offensichtlich zur Hauptaufgabe gemacht, sich mit mir zu vergleichen.

Dies reichte von Details am Aussehen, wie Muskelzuwachs im Fitnessstudio, über Gehalt, Wohnungsgröße und Automarke schließlich bis hin zum Erfolg bei Frauen.

Ebenso schien Florian ein starkes Konkurrenzverhalten zu entwickeln, was sich insbesondere bei gemeinsamen Party-Besuchen äußerte - Beispielsweise in Kommentaren wie "Wenn ich erst mal am Start bin, hast du ja eh keine Chance mehr bei den Mädels!" Oder: "Ich weiß ja nicht was bei dir los ist, aber ich schreibe gerade munter mit der Frau von gestern!"

Ich interpretierte die Angriffe sowie das generelle Konkurrenzdenken automatisch als Schwäche. Es schien eine Art Geltungsdrang zu sein, ein Vergleichen, fast schon eine Angst, neben anderen Leuten unterzugehen.

Da mich das Verhalten störte und ich Freundschaft nicht über Konkurrenzdenken, sondern Zusammenhalt definiere, reduzierte ich schließlich den Kontakt.

Es war Freitag, 16:30 Uhr. Ich stieg in die Tram, weil ich endlich Feierabend hatte. Die Arbeitswoche war vorbei und ich freute mich auf ein entspanntes Wochenende.

Ich saß auf dem ersten Sitz einer Dreier-Reihe von Sitzplätzen, die längs der Tram angeordnet waren.

Diagonal von mir erkannte ich ein langes, großes Bein, das von einem Kerl in den Gang der Tram ragte. Was ist das für ein florianartiges Bein, dachte ich und mein Blick wanderte hinauf, wo zu meiner Überraschung tatsächlich ein Florian an dem Bein dran war.

Da ich nicht quer durch die Tram schreien wollte, schrieb ich Florian in Facebook an. "Schau mal nach rechts."

Florian grinste und kam zu mir. Er schüttelte mir die Hand.

"Lange nicht gesehen", grinste ich. "Wie geht es dir so?"

"Ich fahre gerade zu meinem Weibchen", antwortete Florian.

Ich war irritiert, da Florian eigentlich mit seiner Freundin zusammen wohnte. Die Wohnung befand sich am anderen Ende der Stadt.

Allerdings hatte ich schon eine Vermutung, da um den Jahreswechsel plötzlich sämtliche Pärchenbilder von Florians Facebook-Profil verschwunden waren.

Ich stellte mich trotzdem dumm.

"Aber ihr wohnt doch zusammen woanders? Wieso fährst du dann meinen Arbeitsweg mit?"

"Nee." Florian verzog das Gesicht. "Die Sache mit Molly ist seit Silvester gelaufen." Er winkte mit der Hand ab.

"Hä?" Ich machte ein fragendes Gesicht. Ich konnte mir den Kommentar nicht verkneifen: "Ich dachte, ihr seid so ein Dream-Team und passt so gut zusammen?" Ich grinste übertrieben.

"Ja, so war es ja auch", beteuerte Florian. "Aber dann lief es eine Zeit lang nicht so gut. Ständig Streitereien und so. Naja, und dann an Silvester meinte sie, sie muss ihren Kopf frei kriegen und so und ist mit ihrem Ex-Freund auf so ein Konzert gegangen."

"Was? Mit ihrem Ex-Freund? Kopf frei kriegen - so ein Schwachsinn." Ich verzog das Gesicht. Innerlich musste ich aber über den Kommentar schmunzeln. "Ich muss den Kopf frei kriegen! Mit meinem Ex."

Ein weiterer Spruch für meine Liste, die mich dazu bewegte, dieses Buch zu schreiben.

"Ja, ja." Florian klang genervt. "Und dann war sie die ganze Nacht weg und am Tag danach wollte sie

Schluss machen. Aber man kann sich ja denken, was sie da gemacht hat."

"Sie ist also fremdgegangen", antwortete ich.

"Naja", gab Florian gedehnt zurück, "man weiß es halt nicht genau. Aber an sich kann man es sich schon denken. Ist halt sehr wahrscheinlich und offensichtlich."

"Und jetzt?"

"Ja, jetzt ist sie wieder mit ihrem Ex zusammen. Und das ist eigentlich auch total idiotisch! Erstens: Sie wollte immer Aufmerksamkeit und jemanden, der sich mit ihr beschäftigt. Ihr Ex hat aber einen Job, bei dem er ständig am Wochenende auf Dienstreisen muss und nicht da ist und so. Zweitens will ihr Ex am liebsten drei Kinder, sie will aber gar keine. Und noch mehr solche Sachen. Es macht einfach gar keinen Sinn! Es ist einfach total komisch. Niemand versteht es."

"Oh Mann." Ich zog die Augenbrauen nach oben und schüttelte den Kopf.

"Aber... sie ist noch mit dem auf ein Konzert gegangen? Wusstest du das?", wollte ich schließlich wissen.

"Ja, schon."

"Hatte sie noch Kontakt zu dem Ex, während ihr schon zusammen wart?"

"Ja, hatte sie. Und ich wusste auch davon. Es war von mir abgesegnet. Die Sache ist halt die: Sie kennen sich halt 15 Jahre! Da habe ich halt gesagt - ok. Da verstehe ich schon, dass man den Kontakt halt nicht ganz abbrechen will und so. Daher habe ich das schon toleriert. Und auch erstmal nichts gedacht, als sie was mit ihm unternehmen wollte."

Ich antwortete nichts, da ich eine eigene, sehr klare Meinung dazu hatte, die den Rahmen des Dialogs gesprengt hätte. Mehr dazu natürlich nach dieser Geschichte.

"Jetzt habe ich gerade eine Ausweich-Wohnung, weil das natürlich blöd ist, noch mit Molly zusammen zu wohnen. Aber das Gute ist, ich habe schon eine neue Wohnung! 3 Zimmer und recht günstig, hier auch in der Nähe. Und ich muss nicht mal doppelte Miete zahlen!"

Ich lächelte.

"Ach ja. Jetzt kommt das eigentlich Witzige: Ich fahre ja gerade zu meiner neuen Freundin. Die wohnt bei dir um die Ecke, deswegen sitze ich auch hier in der gleichen Tram. Und sie ist die Ex-Freundin vom Ex von Molly."

Ich musste mich beherrschen, um nicht wieder zu lachen. Das nannte ich Live-Comedy. Ich riss stattdessen die Augen weit auf. "Echt jetzt? Also deine neue Freundin ist quasi die Ex-Freundin vom Ex-Freund deiner alten Freundin? Okay…! Ist das nicht irgendwie komisch, vom Gefühl her?"

"Ja, ich weiß schon, wie das klingt und ja, ist es schon irgendwie! Wir haben sozusagen Partner-Tausch gemacht. Alle Leute finden es auch komisch und meinten auch so, dass ich das doch lassen soll. Aber wir hatten halt so Kontakt wegen der ganzen Sache und haben festgestellt, dass wir uns eigentlich gut verstehen und auch irgendwie zusammen passen!"

Ich lächelte wieder gefroren und dachte mir fasziniert, wie schnell das bei manchen so ging. Hätte ich es doch nur so leicht gehabt, dachte ich. Kleine

Checkliste mit drei Punkten. Aussehen, Charakter und noch zu haben. Alle: Check! Wir sind in Beziehung!

"Und sie ist Gamerin", sagte Florian gerade. "Diese Frau hat mehr Konsolen bei sich zu Hause stehen, als ich in meinem Leben je besessen habe!"

Ich lächelte wieder mein Lächeln.

"Nur ist es schon manchmal komisch für mich. Sie arbeitet halt in einer Bar und ich trinke ja keinen Alkohol. Ist also manchmal strange für mich, wenn ich sie besuchen komme und den Abend bei ihr dort sitze. Fünf Stunden nachts dort sitzen und nichts trinken, das ist halt schon irgendwie...!" Florian lachte.

Ich fiel mit ein.

"Sie arbeitet also in einer Bar?", fragte ich schließlich.

Die Tram fuhr gerade um die Kurve. Meine Haltestelle kam gleich.

"Ja, genau. An der Theke halt. Und Piercerin ist sie auch. In einem Tattoo-Studio."

Florian zeigte mir ein Bild.

Sie sah fast so aus wie Molly, fand ich.

Wir wechselten noch einige Worte. Diese sind tatsächlich auch relevant, finden aber im Kapitel Error 12: Ich brauche Zeit für mich noch eine genauere Ausführung.

Schließlich verabschiedete ich mich und stieg aus der Tram. Ich konnte nicht anders, als mich zu fragen, wie lange es wohl diesmal halten würde.

Lieber Leser, auch wenn die Partner-Tausch-Geschichte eigentlich nichts zum Thema beiträgt, wollte ich Ihnen dieses amüsante Detail nicht vorenthalten.

Ob das nun gut gehen kann oder nicht sei dahin gestellt. Ich persönlich wage es zu bezweifeln.

Aber konzentrieren wir uns aufs Thema: Ex-Partner.

Die Geschichte ist ein typisches, alltägliches Beispiel dafür, wo Kontakte zu Ex-Partnern oder Ex-Affären enden können.

Können, werden Sie jetzt vielleicht sagen. Kann, muss aber nicht. Es gibt auch Freundschaft zum Ex.

Meine Meinung dazu ist, dass dies schlichtweg hausgemachter Bockmist ist.

Es gibt keine Freundschaft mit dem Ex. Es gibt auch überhaupt keinen ersichtlichen Grund, wieso man eine Freundschaft mit einem Ex-Partner praktizieren sollte.

Wenn jemand dies doch tut, sollte man sich fragen, ob diese Person wirklich glücklich mit ihrem aktuellen Partner ist und ob nicht doch Gründe wie ein potentieller Backup-Plan vorhanden sind, ganz einfach.

Denn Freunde hat jeder, ohne dass sie Ex-Freunde sein müssen. Freunde, die einem helfen und mit denen man sich über alles unterhalten kann. Zudem sollte ein neuer Partner alles erfüllen, was einem beim Ex-Partner gefehlt hat, sonst wäre es ja nicht der Ex-Partner.

Wofür genau ist also nun der Kontakt mit dem Ex gut?

Außer eventuell für einen Backup-Plan, weil die entsprechende Person sich nicht vollständig von ihren vergangenen Beziehungen lösen und einen eindeutigen Status im Liebesleben definieren kann?

Lassen Sie mich das genauer erklären.

Für mich gibt es zwei Varianten, wie das Wort "Ex" überhaupt zustande kommen kann.

Variante 1:

Zwei Menschen kommen zusammen und haben eine Form von Beziehung. Dies kann eine kurze Affäre, eine lange Affäre, eine lange Beziehung oder auch eine lange Ehe sein. Irgendwann kommt diese Beziehung zu einem harten Ende.

Mit hartem Ende meine ich, dass sich die Partner nicht mehr verstehen und Schluss machen. Dies kann geprägt sein von Betrug, Streit, Fremdgehen, Lügen, zu unterschiedliche Vorstellungen, keine gemeinsamen Ziele und so weiter. Alles, was es eben so an Gründen gibt.

Egal welche Beziehungsform es ist, Fakt ist, dass es ein klares Ende gibt und die ehemaligen Partner ihrer Wege gehen.

Variante 2:

Zwei Menschen kommen zusammen und haben eine Form von Beziehung. Früher oder auch später, geht der Reiz der Beziehung verloren. Die Partner lieben oder begehren sich nicht mehr. Es gibt keinen Streit, keinen Betrug oder andere Probleme, aber dennoch entscheidet man sich für eine Trennung und geht seiner Wege.

Vermutlich denken Sie sich jetzt, dass doch in Variante 2 sehr wohl eine Freundschaft noch möglich ist. Man hat sich nicht gestritten und liebt oder begehrt sich eh nicht mehr, also könnte doch eine reine Freundschaft möglich sein.

Ich jedoch, lieber Leser, sage Ihnen, dass die Varianten für mich keine Rolle spielen. Ich habe sie extra getrennt aufgeführt, um beide Fälle anzusprechen und sie sodann gleichermaßen in einen Topf zu werfen.

Es spielt für mich nämlich keine Rolle. Ex ist Ex. Ex ist Vergangenheit und das sollte es auch sein!

Fakt ist nämlich, dass es so etwas wie Freundschaft zwischen ehemaligen Geschlechtspartnern nicht gibt, genau eben aus dem Grund, weil es ja mal Geschlechtspartner waren. Es wird also immer die Tatsache im Raum stehen, dass die beiden Menschen intim waren und es sich um eine gescheiterte oder abgebrochene Beziehungsform handelt. Und genau dabei sollte es auch bleiben. Es sollte der Vergangenheit angehören!

Warum? Weil Ex-Partner in einer neuen Beziehung immer und immer nur Probleme machen werden!

Es gibt zwei Möglichkeiten, wie diese Probleme auftreten können.

Zum einen kann es sein, dass der Partner den Ex-Partner immer noch attraktiv und anziehend findet. Das wird dazu führen, dass er unter Umständen wieder zum Ex-Partner zurückkehrt.

Dies war bei Florian und seiner Ex-Freundin Molly der Fall, die ebenfalls wieder mit ihrem Ex zusammenkam.

Zum anderen muss dies nicht zwingend passieren, wirkt sich aber trotzdem negativ auf eine neue Beziehung aus.

Ein Ex-Partner kann eine permanente Belastung für die neue Beziehung sein, wenn ein neuer Partner sich ständig mit dem Ex der oder des Neuen auseinandersetzen muss.

Natürlich gibt es Fälle, insbesondere wenn Kinder aus gemeinsamer Ehe im Spiel sind, bei denen der Ex immer eine Rolle im Leben spielen wird. Kinder bringen, wieder abholen und so weiter. In so einem Fall werden Sie sich als neuer Partner vermutlich immer mit dem Ex auseinandersetzen müssen.

Sollte so etwas aber nicht der Fall sein, dann sollten Ex-Partner komplett der Vergangenheit angehören und dort auch bleiben!

Sagt Ihr Partner, dass er noch mit seiner Ex-Freundin befreundet sei, weil sie sich eigentlich immer gut verstanden haben und in Freundschaft auseinander gegangen sind?

Dann stellen Sie sich doch mal die Frage, unabhängig davon, wie die beiden auseinander gegangen sind, wieso Ihr Partner diese Freundschaft denn eigentlich jetzt noch benötigt?

Er hat doch Sie.

Sind sie etwa nicht ausreichend als neuer Freund? Dann sollten Sie sich fragen, ob die Beziehung einen Sinn hat, weil offensichtlich reichen Sie Ihrem Partner als Freund nicht aus. Und niemand möchte das Gefühl in einer Beziehung haben, nicht gut genug zu sein.

Und sind da nicht die ganzen Kumpels, die immer zum Fußball kommen? Und die fürsorgliche Schwester, die immer Hilfe anbietet, wenn Ihr Partner Probleme hat.

Ja, wieso braucht er denn dann die tolle Freundschaft zu seiner Ex-Freundin, nur weil sie sich so gut verstanden haben?

Natürlich können Sie nun wieder anfangen und sagen, dass es doch nicht immer so sein muss. Dass nicht alle, die mit ihrem Ex befreundet sind, automatisch die Intention haben, eventuell wieder mit ihm oder ihr in die Kiste zu gehen.

Die Frage, die ich mir aber hier stelle, ist: Möchte ich mich damit zufrieden geben, dass es nicht unbedingt sein muss?

Ich glaube, dass mir niemand erzählen kann, dass er kein Problem damit habe, wenn der Partner mal mit einem Ex schreibt oder sich sogar trifft.

Sie, lieber Leser, werden sicher auch in so einer Situation skeptisch sein, vielleicht nachfragen, was genau geschrieben wird, oder was genau der Sinn und Zweck des Treffens ist.

Und das ist auch vollkommen gerechtfertigt! Denn egal wie treu ihr Partner ist und wie sehr sie ihm vertrauen, ist es nun mal ein ehemaliger Geschlechtspartner, von dem wir hier reden.

Dies impliziert automatisch, dass Ihr Partner diese Person einmal anziehend gefunden hat (oder immer noch findet, so wie Molly). Anziehend in charakterlicher Form, in optischer Form und in sexueller Form. Ihr Partner hat diese Person anziehend genug gefunden, um mit ihr zu schlafen.

Wieso also sollte Ihr komisches Gefühl im Bauch und ihr Unwohlsein bei dieser Angelegenheit nicht gerechtfertigt sein?

Lassen Sie sich also keine Phrasen bieten wie "Hab dich nicht so, wir sind nicht mehr zusammen und das weißt du." oder "Wir sind eben noch gut befreundet, komm' klar damit." oder "Du bist doch jetzt mein neuer Partner, diese Tatsache sollte dir ausreichen, dass du nicht zweifelst!"

Sowas, mein lieber Leser, würde ich schlichtweg nie akzeptieren.

Auch hier sehen Sie vielleicht wieder eine Art von Radikalität, aber ich nenne es Vernunft. Ich möchte mich nicht mit Ex-Freunden von meiner jetzigen Partnerin beschäftigen und tue dies auch selbst nicht mit meinen eigenen Ex-Freundinnen. Ich möchte keine Zweifel oder ein unangenehmes Gefühl haben, weil mein Partner einen Ex trifft, egal ob die Zweifel oder das Gefühl gerechtfertigt sind oder nicht.

Ich will es nicht, insbesondere, weil es in einer gesunden Beziehung auch absolut nicht notwendig ist.

Denn ich möchte der beste Freund, Geliebte, sexuell Begehrte und beste Gesprächspartner meiner Partnerin sein und ich möchte, dass sie das auch für mich ist, mit weniger gebe ich mich nicht zufrieden!

Und das müssen Sie auch nicht!

Auch hier ist es exakt so wie beim vorherigen Kapitel. Fangen Sie bei sich selbst an.

Haben sie noch Freundschaften mit vergangenen Geschlechtspartnern? Dann beenden Sie sie.

Fragen Sie sich, was dieser Kontakt Ihnen noch gibt, was Ihnen ein neuer Kontakt (seien es neue Freunde oder ein neuer Beziehungspartner) nicht geben kann.

Wenn dort Dinge vorhanden sind, hängen Sie noch an Ihrem Ex oder wollen ihn sich "warm halten", um wie Molly wieder zurück zu springen, wenn es genehm ist.

Dies ist eine klare Charakterschwäche und sollte ausgemerzt werden.

Suchen Sie sich einen Partner und normale Freunde, die Ihnen das geben, was Sie brauchen, dann brauchen Sie auch keinen Ex mehr, ganz einfach!

Haben Sie den Anspruch, dass Ihr Partner exakt gleich denken muss. Ein Mensch, der keinen Kontakt zum Ex braucht, hat sich komplett gelöst, ist bereit für neue Beziehungen und ist vertrauenswürdig.

Für einen charakterstarken und treuen Menschen gibt es keinen rationalen Grund, mit einem Ex befreundet zu sein.

Die Beziehung ist gescheitert. Egal, ob es einen Betrug oder Streitereien gab, die zum Ende geführt haben und eine emotionale Distanz geschaffen haben oder ob die Partner sich nur "auseinander gelebt" haben - die Beziehung ist vorbei und es gibt keinen Grund mehr, irgendwelche fadenscheinigen Freundschaften aufrecht zu erhalten, die die aktuelle Beziehung nur belasten.

Für einen charakterstarken und treuen Menschen ist jegliche Kontaktform zur ehemaligen Beziehung oder Affäre absolut unnötig!

Noch eine Sache, die mir gerade so einfällt:

Ich habe einmal gehört oder irgendwo gelesen, dass man nicht schlecht über seinen Ex-Partner reden solle, da man doch eine geraume Zeit mit ihm zusammen gewesen sei und auch schöne Dinge erlebt habe. Ein Mensch, der schlecht über seinen Ex-Partner rede, sei auch in der jetzigen Beziehung kein guter Partner und habe mit der Sache nicht abgeschlossen.

Können Sie mir vielleicht erklären, wie jemand auf so etwas kommt?

Erstens zeigt es mir lediglich, dass ein Beziehungspartner sehr wohl mit seinem alten Partner abgeschlossen hat und sich sogar abgestoßen fühlt. Dies ist eine völlig natürliche Reaktion, gerade wenn ein Betrug oder Lügen im Spiel waren.

Zweitens: Vielleicht haben sie schöne Momente verbracht. Doch für mich sind diese in jenem Moment verwirkt worden, in dem mein Partner mich hintergangen, verletzt oder verlassen hat! Das ist auch meistens bei Trennungen der Fall, also wieso sollten mir diese Momente nun noch etwas bedeuten?

Wenn mein Ex-Partner auf einer Urlaubsreise im Sonnenuntergang meine Hand hielt und mir mitteilte, dass er mich so sehr liebe und ich ihm alles bedeute, war es doch schlichtweg eine Lüge, wenn er mich zwei Jahre später hintergangen hat, oder nicht? Denn wenn ich ihm alles bedeutet hätte, hätte er mich doch schließlich nicht hintergangen und somit verletzt. Also, was ist daran noch ein schöner Moment? Es war offensichtlich eine Illusion, oder schlimmer noch, eine Lüge ins Gesicht.

Für mich heißt es lediglich, dass jemand noch alten Zeiten hinterher hinkt oder mit der Vergangenheit nicht abschließen kann, wenn er beispielsweise häufig über schöne Momente mit einem Verflossenen spricht.

Ebenso scheint er mit dem Ex-Partner noch nicht richtig abgeschlossen zu haben oder empfindet vielleicht sogar noch Gefühle, wenn er nicht fähig ist, negativ über ihn zu reden oder auszusprechen, was an der Beziehung oder dem Menschen schlecht war.

Dies wiederum bringt also eher wieder eine Belastung für die neue Beziehung ins Spiel.

Nein danke, lieber Leser, auf so etwas kann ich verzichten.

Und tun Sie das auch besser, sonst heißt es am Ende bloß wieder "Ich muss den Kopf freikriegen!"

Error 10: Gleichgültigkeit vs. Kontrollzwang

Sascha ist ein ferner Bekannter von mir, der im Süden von Deutschland etwa 500km entfernt wohnt. Schon sehr oft haben wir uns in unzähligen langen Whatsapp-Sprachnachrichten über Beziehungsthemen unterhalten.

Als ich Sascha kennenlernte, war er gerade mit einer etwas jüngeren Frau namens Nadja zusammen. Die beiden schienen sich eigentlich gut zu verstehen, doch nach einem Jahr, nachdem ich beide kennengelernt hatte, trennten sie sich.

Etwa drei Monate zuvor schickte mir Sascha Sprachnachrichten.

Ich hatte gerade gefragt, wie es mit den beiden denn lief.

"Mit Nadja läuft es… Naja, geht so", kam aus meinem Telefon, als ich die Nachricht abhörte.

"Wir sehen uns zur Zeit kaum, da sie ja in Regensburg studiert. Meistens sehen wir uns nur so alle zwei bis drei Wochen. So am Wochenende. Wir schreiben auch nicht sehr viel unter der Woche. Sie scheint beschäftigt zu sein mit dem Studium."

Ich antwortete ebenfalls in einer Sprachnachricht.

"Okay. Hmm, das hört sich aber ein wenig komisch an, so als wäre die Luft raus. Ist sonst alles normal zwischen euch?"

"Nicht wirklich. Wir haben halt kaum noch Sex. Und dann durfte ich mir letztes WE auch anhören, dass es ja schon okay sei, wenn ich auch mal mit anderen

Frauen was habe und so. Weil wir uns ja so wenig sehen und sie verstehen kann, dass ich auch mal Spaß haben will."

Das war's auch schon mit der Geschichte, lieber Leser. Was soll man da auch noch weiter ausdehnen?

Was hier als großzügiges Angebot von Nadja unterbreitet wurde, ist in Wirklichkeit natürlich nichts weiter als reine Gleichgültigkeit gegenüber dem Partner. Außerdem ist es ein Ausweichmechanismus. Eine verblümte Art zu sagen: Ich habe keinen Bock mehr auf dich und ich möchte nicht mehr mit dir schlafen.

Auch hier hätte man noch drei Monate kostbare verplemperte Lebenszeit sparen können, indem man die Beziehung sofort beendet hätte.

Im Grunde ist es angelehnt an das bereits behandelte Kapitel "Offene Beziehung", denn wenn Ihnen eine Person sagt, dass Sie gerne mit jemand anderem schlafen können, sagt sie Ihnen eigentlich nichts anderes, als dass sie das (sexuelle) Interesse an Ihnen komplett verloren hat und dass sie selbst mit anderen schlafen will.

Denn wenn Sie jemanden sexuell begehren, wollen Sie nicht, dass die Person mit einem anderen schläft! (Abgesehen von möglichen voyeuristischen Fetischismen).

Die Gleichgültigkeit ist natürlich nicht nur auf den sexuellen Aspekt bezogen. Sie kann in allen möglichen Bereichen auftreten.

Person A ermutigt Person B, gerne mit anderen Leuten und neuen Bekanntschaften vom anderen Geschlecht zu chatten: Person A hat das Interesse an Person B verloren, sie würde selbst gerne lieber mit anderen Menschen chatten.

Person A sagt, dass Person B gerne mit der hübschen Arbeitskollegin in die Sauna gehen kann:

Person A hat das Interesse an Person B verloren und eine Gleichgültigkeit entwickelt. Sie selbst würde lieber mit Carlos in die Sauna gehen anstatt mit Person B.

Sie sehen schon, worauf es hinausläuft.

Nun zum anderen Extrem, das auch schnell ausgearbeitet sein sollte.

"Hey, na, wie war es in der Uni?", fragte Anika, als Markus zur Tür hereinkam. Er hatte noch seine Schuhe an und kam trotzdem ins Wohnzimmer.

"Geht so", antwortete er, doch er sah sie nicht an. Stattdessen sah er an ihr vorbei auf ihren Laptop-Bildschirm. "Was machst du?"

"Ach, eigentlich wollte ich an meine Arbeit schreiben, aber ich werde dauernd abgelenkt!" Anika lachte kurz.

"Abgelenkt? Von wem denn?"

Markus starrte immer noch auf Anikas Bildschirm, auf dem ein Textverarbeitungsprogramm geöffnet war. Einige Zeilen geschriebenen Textes waren zu sehen.

Anikas Lächeln verschwand langsam. "Was meinst du? Von Pia zum Beispiel. Sie schreibt ja gerade auch ihre Arbeit und hat mich ständig mit Fragen bombardiert."

"Pia? Und sonst? Noch jemand anderes?" Markus sah Anika kritisch an.

Sie runzelte die Stirn.

"Was soll diese Fragerei? Willst du mir etwas unterstellen?"

"Na, gestern hast du doch schon wieder mit diesem Norbert geschrieben."

"Ja und? Das ist ein langjähriger Studienkollege."

"Und mit dem warst du vor einem Monat Kaffee trinken."

"Ja und?", wiederholte Anika. "Ja, das war ich! Wir studieren das Gleiche und unterhalten uns über doofe Profs. Wo ist das Problem?"

"Er ist das Problem", murmelte Markus.

Anika war aufgestanden und machte eine Geste mit der Hand.

"Abgesehen davon hat er jemanden!"

"Jemanden?" Markus machte ein verächtliches Geräusch. "Keine feste Freundin also. Irgendeine Schlampe. Und dich will er als nächstes!"

Anika presste die Lippen zusammen und sah Markus böse an.

"Willst du damit sagen, ich sei auch eine Schlampe?"

"Nein, ich…"

"Du übertreibst völlig! Es ist einfach unangebracht. Außerdem redest du schlecht über einen Freund von mir, das finde ich daneben."

Anika klappte das Laptop zu, nahm es unter den Arm und rannte aus dem Zimmer.

Einige Wochen später saßen Anika und Markus in einem Restaurant.

Das Essen war gerade angekommen und schmeckte köstlich.

Anika war gut gelaunt. Sie unterhielt sich gerade über die vergangene Woche.

"Ach übrigens", fiel Anika ein, "Ich gehe morgen abend mit Norbert was trinken. Wir haben uns über einen Monat nicht mehr unterhalten und er meinte, dass er ziemlichen Stress hatte. Er wollte mir was erzählen von der Uni."

Markus sagte nichts.

"Er hat auch gefragt, wie es dir geht, und lässt dir Grüße ausrichten."

Markus sagte immer noch nichts.

"Ja, ich weiß schon." Anika blickte zur Seite, dann lächelte sie wieder. "Du weißt, dass du dir nichts denken musst. Er ist einfach ein Freund. Wir wollen uns einfach nur unterhalten. Außerdem kannst du doch mitkommen. Hast du keine Lust?"

"Passt schon", antwortete Markus schließlich knapp. "Ist ok. Ich kann an dem Abend nicht, da Rapha Vorglühen bei sich macht. Und will dann noch auf eine Party. Zu Rapha gehe ich auf jeden Fall hin. Aber ich komme vielleicht einfach nach in die Bar."

Markus blieb kühl.

Anika sah ihn an. "Aber es ist wirklich ok, ja? Du weißt, dass er eh vergeben ist. Und sowieso nicht mein Typ ist!" Sie lachte. "Und selbst wenn, wäre es mir egal, da ich vergeben bin. Ganz einfach."

Einen Tag später saß Anika mit Norbert in einer Bar.

Norbert sah leider nicht gut aus. "Der Prof hat mir diese Probleme einfach so gemacht. Ich glaube, der hat mich einfach auf dem Kieker. Keine Ahnung, was ich ihm getan habe. Vielleicht denkt er, dass ich mich nicht genug engagiere oder interessiere. Aber der scheint nicht zu kapieren, dass ich die Miete zahlen muss und nebenher arbeiten muss und zwar Vollzeit."

"Der hat sowieso nur seine blöden Paper im Kopf." Anika stöhnte.

In diesem Moment kam plötzlich Markus zur Tür herein.

Er blickte kurz nach links und nach rechts, dann sah er die beiden.

Zielstrebig ging er auf Anika zu und stellte sich neben sie.

"Hey, ich bin da."

Irritiert runzelte Anika die Stirn, lächelte dann aber.

"Hallo! Da bist du ja! Gut, dass du doch noch gekommen bist."

Sie wies mit der Hand auf Norbert.

"Das ist Norbert."

"Hallo, freut mich, dich kennenzulernen!" Norbert lächelte und streckte die Hand aus.

Markus drehte sich kurz mit dem Kopf in seine Richtung. "Yo", gab er plump von sich.

Dann wandte er sich sofort wieder zu Anika. "Fahren wir? Ich bin mit dem Auto da, um dich abzuholen."

Langsam zog Norbert seine Hand zurück.

Anika runzelte wieder die Stirn. Sie war zu perplex, um irgendetwas anderes zu sagen.

"O...Okay..."

"Kein Problem, kommt gut nach Hause!" Norbert lächelte. "Ich trinke noch mein Bier fertig."
Langsam stand Anika auf und nahm ihre Jacke.

Als sie zur Tür hinaus gegangen waren, gab Markus ein verächtliches Geräusch von sich.
"Das...war dieser Norbert?", stieß er spöttisch aus. "Der ist ja wohl ein Witz. Und wie klein der ist!" Er lachte schrill auf. "So ein Zwerg." Er schüttelte den Kopf.
Anika sagte nichts.
Einige Monate später trennte sie sich von Markus.

Lieber Leser, ich denke, dass auch hier nicht allzuviel erklärt werden muss.
Auch bei dieser Geschichte handelt es sich noch um ein mildes Beispiel. Sicher haben Sie selbst schon von solchen Geschichten gehört, wo Kontrollzwang eine Beziehung kaputt gemacht hat.
Auch hier reicht das Spektrum weit, von ständigem Kontrollieren, Überprüfen und Hinterfragen bis hin zu Verboten, die völlig unangebracht sind.
Dabei ist es doch eigentlich völlig unnötig, denn man muss nur die Situation genau im Kontext betrachten.
Offensichtlich handelte es sich bei Norbert wirklich nur um einen Freund. Ständiges Hinterfragen, das Erzeugen von Unterstellungen und falsches Misstrauen waren hier völlig unnötig.

Entscheidend ist hierbei unter anderem auch der Umgang des Partners mit der Situation - in diesem Fall von Anika.

Anika bot Markus an, in die Bar mitzukommen, was (neben unzähligen anderen Zeichen) ein deutliches Zeichen dafür war, dass sie nicht mehr Interesse als Freundschaft an Norbert hatte.

Dies ist der wesentliche Unterschied zum Verhalten, das im Kapitel Error 8: Untreue: Es ist einfach so passiert beschrieben wurde.

Denn eine Person, die sexuelles Interesse an einer anderen Person hat, wird sie (wie in den fünf Stufen beschrieben) irgendwann isolieren wollen. Sie wird das Bedürfnis haben, die Person ohne den Partner zu treffen. Dies kann schon in Stufe 2 geschehen (andere Freunde oder Bekannte sind mit anwesend, der Partner jedoch nicht) oder auch in Stufe 3 (keine anderen sind mehr anwesend).

Wenn Ihnen Ihr Partner jedoch anbietet mitzukommen, sollte Ihnen spätestens jetzt klar sein, dass von der besagten Person keine "Gefahr" ausgeht.

Mehr noch: Ihr Partner zeigt damit sogar, dass er Sie offensichtlich schätzt und gerne dabei hat. Er möchte sich mit Ihnen präsentieren, sie "herzeigen", weil er gerne mit Ihnen als Partner auftritt, auch vor seinen Freunden.

Dies stellt auch das gesunde Verhalten im Umgang mit der Beziehung gegenüber dem restlichen sozialen Umfeld dar.

Misstrauen und falsche Unterstellungen sind dementsprechend völlig unangebracht.

Anders verhält es sich nämlich bei Betrugsintentionen.

Da in so einem Fall Ihr Partner (sexuelles) Interesse an einer anderen Person hat, sind Sie ihm natürlich im Weg, wenn Sie mit am Tisch in der Bar sitzen und alles mitbekommen.

Klare Anzeichen sind dementsprechend Ausweichmanöver, das Weglassen von Details oder Beschönigungen.

"Ach, das ist eh nichts für dich. Da treffen sich nur Leute, die ich aus der Uni kenne. Du würdest dich dort langweilen."

"Du bist zu fertig von der Arbeit? Kein Problem, ruh dich einfach aus. Ich gehe alleine auf die Party! So lange bleibe ich auch nicht."

"Ich würde gerne mit meinem besten Kumpel in den Urlaub fahren. Wir machen das schon seit Jahren so - einmal pro Jahr. Das ist Tradition! Fahr du doch mit deiner Freundin!"

Dies sind typische Phrasen, die Ihnen in so einer Situation begegnen würden. Sie sagen Folgendes aus:

Du bist mir im Weg.

Du bist mir nicht wichtig.

Ich möchte andere Frauen/Männer treffen ohne dich.

Selbstverständlich müssen die genannten Sätze dies nicht automatisch bedeuten. Daher sprach ich vorhin an, die Situation im Kontext zu betrachten. Ich will damit nur sagen, dass es typische Beschönigungen sein können, die Ihnen bei einer Betrugsintention begegnen können.

Zudem möchte ich Sie bei all dem hier auch nicht zu Kontrollverhalten oder Misstrauen animieren.

Generell halte ich ein Kontrollverhalten immer für unangebracht. Es ist entweder ungerechtfertigt und vertreibt Ihren Partner - oder es ist das Zeichen, dass die Beziehung sowieso keinen Sinn mehr hat.

Daher sage ich Ihnen:

In einer gesunden Beziehung müssen Sie weder kontrollieren, noch werden Sie kontrolliert. Sie vertrauen Ihrem Partner einfach und können dies auch tun, ohne Zweifel zu haben.

Genauso sind Sie Ihrem Partner gegenüber nicht gleichgültig, noch ist er Ihnen gleichgültig gegenüber. Wenn Ihnen Ihr Partner gleichgültig ist oder Sie Ihrem Partner gleichgültig sind, ist die Beziehung verwirkt und hat keinen Sinn mehr.

Wenn Sie das Gefühl haben, ständig Ihren Partner kontrollieren zu wollen, dann sehen Sie sich den Kontext an, ob dies wirklich gerechtfertigt ist. Wenn nicht, sind Sie ein Kontrollfreak und werden die Beziehung unnötigerweise belasten. Wenn doch, weil Ihr Partner Sie beispielsweise hinter Ihrem Rücken hintergeht, ist die Beziehung verwirkt und hat ebenfalls keinen Sinn mehr.

Ihr Partner hat Interesse an anderen. Suchen Sie das Weite, anstatt weiter zu kontrollieren oder Misstrauen zu hegen und letztendlich auf einen Betrug zu warten, während der Partner noch die Vorteile der laufenden Beziehung ausnutzt.

Schließlich wollen Sie ja wohl nicht die zweite Wahl sein, oder?

Ich wollte auch noch kurz auf Markus' Verhalten vor der Bar eingehen.

Menschen, die an nicht gerechtfertigtem Kontrollzwang leiden, haben meist ein sehr geringes Selbstwertgefühl und sind charakterlich schwach.

Die Kommentare "Das ist dieser Norbert?" und "Der ist ja ein Witz! Und wie klein der ist!" zeigen sehr deutlich, dass Markus ein Problem mit seinem Selbstbewusstsein hat.

Schwache Menschen sehen andere gleichen Geschlechts leichter als Konkurrenten. So war es nicht verwunderlich, dass Markus Norbert als Konkurrenten einstufte, obwohl der es offensichtlich gar nicht war. Die Aussage, wie klein Norbert sei, war eines der Eingeständnisse dieser Tatsache. Markus fühlte sich in seinem Aussehen (in dem Fall die Größe) bestätigt und war erleichtert. Andere Fakten, wie beispielsweise, dass Norbert bereits vergeben war, spielten hier keine Rolle.

Auch das Auftreten in der Bar selbst, Norbert quasi nicht zu beachten, zeigt nichts anderes als Schwäche und fast schon Angst, dem (in seinen Augen) "Konkurrenten" entgegenzutreten. Demonstrative Ignoranz und das schnelle Verschwinden bestätigten dies.

Generell, lieber Leser, sind demonstrative Ignoranz, herablassende Art und Minimierung von Kontakt immer ein Zeichen von Schwäche. Eine Person die sich so verhält, hat nicht direkt etwas gegen Sie. Denken Sie in so einem Fall also nicht, dass etwas mit Ihnen nicht stimmt. Im Gegenteil. Man könnte bei so einem Verhalten sogar behaupten, dass die Person Sie respektiert, sogar unter Umständen zu Ihnen aufsieht. Denn in den Augen dieser Person sind Sie eine Gefahr.

Eine Gefahr für den Partner, eine Gefahr für eine Gruppe, in der die Person sich als Anführer ansieht oder einen Beliebtheitsgrad genießt und so weiter. Die Gründe können vielseitig sein.

Und warum? Weil Sie vielleicht besser aussehen, intelligenter sind und mehr Ausstrahlung haben.

Also seien Sie sich beim nächsten Mal darüber im Klaren, wenn Sie freundlich einer Person in die Augen sehen und ihr die Hand schütteln und diese Sie herablassend, ignorant oder flüchtig behandelt.

Um den Kreis zu schließen nun aber zurück zum Thema.

Denn wenn Sie sich dessen bewusst sind, dass Sie selbst diese Stärke besitzen, haben Sie auch keinen Grund mehr, Ihren Partner unnötig zu kontrollieren oder ihm zu misstrauen. Denn wenn Sie selbst so toll sind, wieso sollte Ihr Partner mit dem Bekannten aus der Uni etwas anzetteln?

Ein charakterstarker Mensch mit Ausstrahlung muss sich nicht so verhalten wie Markus.

Er wird Norbert begrüßen, ihn anlächeln, ihm die Hand schütteln und freundlich zu ihm sein, denn er ist sich darüber im Klaren, warum seine Partnerin mit ihm zusammen ist und nicht mit Norbert.

Anders ist es natürlich, wenn Ihr Partner sie bereits hintergangen hat oder dies nachweislich wieder tut.

Lassen Sie sich in so einer Situation dann auf keinen Fall einreden, dass Sie ein Kontrollfreak oder daran schuld seien, dass Sie Ihren Partner vertreiben oder die Beziehung zerstören!

Denn das Verhalten des Partners hat Sie so weit getrieben und es ist offensichtlich gerechtfertigt. Die Person, die in diesem Fall die Beziehung zerstört hat, sind garantiert nicht Sie, wenn Sie es rausgefunden haben!

Wie aber bereits erwähnt, sollten Sie vorher schon abbrechen. Lassen Sie es gar nicht so weit kommen, dass Sie denken, beispielsweise Nachrichten oder den Verbleib Ihres Partners kontrollieren zu müssen.

Wenn Sie wissen, dass Sie belogen oder betrogen werden, sparen Sie Ihre kostbare Zeit und suchen Sie sich eine andere Beziehung. Denn Ihr Partner tut es bereits, ohne die Stärke zu besitzen, sich von Ihnen zu trennen.

Error 11: Wechselnde Gesinnungen: Ich bin jetzt Bi

Ich hatte Mittagspause. Mathias und ich schlenderten zum örtlichen Dönerladen, um unser wöchentliches Traditionsgericht zu holen: Einen Halloumi-Dürüm.

"Zwei mal Halloumi wie immer?", fragte der freundliche Besitzer des Ladens, der uns schon als Stammkunden kannte.

"Genau!", bestätigte ich und wandte mich wieder Matthias zu, der gerade von seiner Mitbewohnerin erzählt hatte.

"Ich finde sie zur Zeit sowieso etwas anstrengend", meinte er gerade, "aber am Wochenende hat sie wieder so eine Aktion gebracht, wo ich mich gefragt habe, was das soll."

"Was denn?", fragte ich und legte 4,50€ auf den Tresen.

"Naja, wir waren auf so einer Party und dann hat sie erstmal mit so 'nem Typen rumgeknutscht", antwortete Mathias.

"Hä", machte ich. "War die nicht lesbisch? Und hatte eine Freundin oder so?"

"Ja eben! Dachte ich auch", antwortete Mathias und nahm seinen Dürüm vom Tresen, der in Alufolie eingepackt war.

Wir verabschiedeten uns und gingen durch die Tür wieder nach draußen.

"Also: Erst hat sie ja letzte Woche einfach so knallhart mit ihrer Freundin Schluss gemacht", redete Mathias weiter. "Einfach so - zack, das war's. Und am nächsten Tag hatte sie schon 'ne andere. Das fand ich schon so asozial gegenüber der Ex-Freundin, mit der sie ja schon länger zusammen war. Da haben wir uns dann auch richtig gestritten deswegen, weil eigentlich ist meine Mitbewohnerin ja schon meine beste Freundin. Zumindest gewesen - bis da hin. Aber mit ihrer Ex war ich auch gut befreundet. Und dass sie die dann so assi behandelt..."

Er machte eine kurze Pause, dann redete er weiter.

"Aber dann hat sie auf der Party volle Kanne mit dem Typen rumgemacht und hat ihn auch mit nach Hause genommen. Ich habe sie dann am nächsten Tag gefragt, was das eigentlich soll. Sie meinte dann, dass sie sich eben ausprobieren muss. Und dass sie angeblich jetzt bi sei."

"Als ob man mal eben so bi werden würde oder lesbisch oder sonstwas." Ich schüttelte den Kopf. "Wie lange waren die nochmal zusammen?"

"Über zwei Jahre", antwortete Michael.

Lieber Leser, ich kann hier nur sagen, wie idiotisch ich so etwas immer finde. Derartige Geschichten habe ich schon öfter gehört und sie zeigen immer dasselbe Muster:

Die jeweilige Person weiß eigentlich überhaupt nicht, was sie wirklich will und ist schlicht unreif.

Denn man wird nicht von einem auf den anderen Tag plötzlich schwul. Oder lesbisch. Oder hetero. Oder bi.

An dieser Stelle sei erwähnt, dass ich mich auf die wesentlichen Orientierungen beschränke. Übertriebenen und in Mode gekommenen Genderwahn auszuarbeiten, überlasse ich gerne anderen. Auf alle möglichen Variationen einzugehen würde den Rahmen des Buches sprengen. Wenn Sie also genderqueer und helikoptophil sind und sich daher von Hubschraubern sexuell angezogen fühlen, bitte ich Sie um Nachsicht an dieser Stelle.

Zurück zum Thema.

Haben Sie sich ausgesucht, was Sie sein wollen? Sind Sie hergegangen und haben gesagt: Ich bin hetero, weil ich Jungs/Mädels mag und das so will?

Natürlich nicht.

Sie sind einfach was Sie sind, egal welche sexuelle Gesinnung das ist.

Verstehen Sie mich nicht falsch.

Sehr wohl gibt es bei jedem Menschen eine Findungsphase. Bei manchen dauert diese länger als bei anderen und daran ist auch nichts Schlimmes.

Während Person A schon mit 14 merkt, dass er als Mann auf andere Männer steht, kann Person B erst mit 45 bemerken, dass sie als Frau eigentlich schon immer auf Frauen stand und sich dessen nicht so richtig klar war.

Was ich aber meine ist etwas anderes.

Es handelt sich um einen in Mode gekommenen Trend, sich nach Lust und Laune Gesinnungen und Vorlieben auszusuchen, wie es einem gerade passt und in den Sinn kommt.

Und dies, lieber Leser, halte ich schlichtweg für Unsinn.

An sich ist die, ich nenne es mal Offenheit des 21. Jahrhunderts, eine schöne Sache. Zumindest in den meisten modernen Ländern ist beispielsweise gleichgeschlechtliche Liebe heutzutage völlig normal und wird gleichwertig akzeptiert - so wie es sein sollte.

Allerdings scheint es neuerdings beliebt zu sein, nicht einfach der eigenen Gesinnung zu folgen, wie auch immer diese aussehen mag.

Stattdessen wird hin- und her gesprungen, als würde man sich die Gesinnung selbst aussuchen. Haben Sie als Frau gerade Lust auf Frauen? Kein Problem! Sagen Sie einfach, dass Sie lesbisch sind und suchen Sie sich eine! Auch wenn Sie vier Jahre mit Ihrem Mann geschlafen haben.

Ach Moment, nach einer Woche merken Sie, dass es doch nicht so ganz reicht? Dann sagen Sie doch einfach, dass Sie bi sind. Problem gelöst! Ab sofort können Sie herumknutschen mit wem Sie wollen.

Und genau darauf will ich hinaus: Es geht nicht mehr nur darum, die eigene sexuelle Gesinnung praktizieren zu können. Vielmehr geht es darum, sich das Ganze zurechtzubiegen, wie man es gerade braucht.

Oft wird es auch als Mittel zum Versuch benutzt, sich interessanter zu machen.

So ein Verhalten kann ich schlichtweg nicht ernst nehmen.

Denn Sie sind nicht von heute auf morgen bi. Oder plötzlich hetero. Oder sonst was.

Entweder waren Sie immer was Sie sind, oder Sie waren es immer und finden es noch heraus. Wenn Sie es wissen, werden Sie es praktizieren, weil Sie es wirklich brauchen. Egal ob dies homosexuell, heterosexuell, bi oder helikoptophil ist!

Reife Menschen wissen ihre sexuelle Gesinnung und können damit auch völlig normal umgehen.

Zwischen Gesinnungen herumspringen - das tun nur Menschen, die unreif sind oder um Aufmerksamkeit betteln. Lassen Sie sich lieber nicht auf solch chaotische Verhältnisse ein. Sie sind ein Zeichen der Unfähigkeit zu einer normalen Beziehung.

Error 12: Ich brauche Zeit für mich

Mein Handy vibrierte.

Es war ein sonniger Vormittag und ich hatte Urlaub genommen. Ich saß gerade vor meinem Rechner und arbeitete etwas Privates.

Mein Blick fiel auf das Handy.

Florian hatte mich auf Facebook angeschrieben.

Falls Sie es vergessen haben, lieber Leser: Florian war der, der im Kapitel Error 9: Ex-Partner: Ich muss den Kopf freikriegen mit der Ex-Freundin des Ex-Freundes seiner Ex-Freundin zusammen kam. Genau der.

Das Gespräch in Facebook spielte sich ein Jahr zuvor ab, als Florian noch mit Molly zusammen war.

"Na, wie isses", stand auf dem Display. Ich fragte mich, wie man so eine Art von Satz - oder wie auch immer man es bezeichnen sollte - als Kontaktaufnahme nach einem Jahr Kontaktlosigkeit wählen konnte.

"Hey", schrieb ich normal zurück. "Passt alles soweit. Und selbst?"

"Passt. Wie geht's mit deinem Weibchen?"

Ich bemerkte, dass schnell wieder die klassischen Vergleichsfragen kamen.

Seine Beziehung besser als meine - Ja/Nein? Check.

Sein Job besser als meiner - Ja/Nein? Check.

Seine Wohnung besser als meine - Ja/Nein?
Check.

Mein Haus, mein Auto, mein Pferd, schoss es mir
durch den Kopf.

Ich wischte den Gedanken beiseite und antwortete
kurz und notgedrungen aus Höflichkeit.

"Alles super. Wie immer. Und bei dir?"

"Jo, auch. Aber wie das halt so ist, man verbringt
halt schon weniger Zeit mit anderen Sachen, oder?"

"Was genau meinst du?" Ich verstand nicht, was
Florian meinte. Ich machte alles wie sonst auch. Ich
ging meinen Hobbys nach, traf weiterhin Freunde
oder ging aus.

"Naja, ich meine", schrieb Florian zurück, "man
zockt zum Beispiel weniger. Oder macht irgendwas
weniger, wofür man halt davor mehr Zeit alleine
hatte. So eine feste Beziehung...Also, wenn man mit
dem Weibchen zusammen wohnt, hat man für vieles
keine Zeit mehr. Das beansprucht schon die meiste
Zeit. Es ist schon anders als früher!"

"Finde ich nicht", tippte ich in die Tastatur. "Ich
zocke eigentlich ganz normal. Nicht viel weniger, als
ich sonst heutzutage zocken würde. Ich unternehme auch weiterhin viel oder mache Sport. Ich geh
auch oft weg, nur eben nicht ständig auf Partys so
wie früher. Oft stattdessen zu Freunden. Oder zum
Essengehen in ein Restaurant mit meiner Freundin.
Ich mache genau so viel wie früher. Ich sehe das
Problem nicht."

Es kam eine kurze Pause, dann wurde wieder etwas getippt, wie die drei wackelnden Punkte im Chat
andeuteten.

"Aber jetzt ist doch dann soviel Zeit vergangen, dass man auch mal wieder was anderes machen kann, oder nicht?"

"Was meinst du?" Ich runzelte die Stirn, während ich schrieb.

Wieder wackelten die Chat-Punkte.

"Na, die erste große Zeit des Verliebt-Seins ist doch jetzt langsam vorbei und man kann auch wieder mal was mit anderen unternehmen!"

"Welche Zeit des Verliebt-Seins?", wollte ich wissen. "Ich bin so verliebt wie am ersten Tag. Ich bin zufrieden wie es ist."

"Na, du weißt schon! Dieses 24-Stunden nur aufeinander hocken und so. Was man am Anfang so macht. Das ist doch jetzt schon ein Jahr her."

"Ja und? Bei mir geht das nicht weg, nur weil es ein Jahr her ist. Außerdem treffe ich auch andere Leute und unternehme oft etwas, wie ich schon geschrieben habe."

"Aha. Wie auch immer. Lust auf R7-Club heute Abend?"

"Nein, eher nicht", antwortete ich. "Ich will den Abend mit meiner Freundin gemütlich zuhause verbringen."

"Oh Mann, du Langweiler! Du gehst ja gar nicht mehr weg."

Ich wusste, dass nun diese Leier kam.

"Seit du deine neue Freundin hast, bist du für nichts mehr zu gebrauchen. Du hängst ja nur noch daheim 'rum und kommst gar nicht mehr raus!"

Ich schrieb nichts zurück, weil ich es als sinnlos empfand.

"Ich kann dir nur aus Erfahrung sagen, dass es auch eher schlecht sein kann, wenn man anfangs zu viel aufeinander herum hockt. Dann kann es schnell langweilig werden und die Luft ist schneller raus. Das weiß ich aus Erfahrung mit meiner Ex, da war es genauso."

Ich lachte und schüttelte den Kopf. Nur weil ihm seine Ex langweilig wurde, hatte das meiner Meinung nach nichts mit dem Ort zu tun, wo man sich aufhielt.

"Ich glaube, dass die Luft einfach irgendwann raus ist, wenn man nicht zusammen passt. Egal, wo man hockt."

Mehr schrieb ich dazu nicht, weil ich das Gefühl hatte, dass er es eh nicht verstehen würde.

Wir wechselten noch ein paar Worte, dann verabschiedeten wir uns.

"Also. Du kannst dir ja noch überlegen, ob du doch heute abend kommst", schrieb Florian noch.

"Ja, mal schauen", antwortete ich, obwohl ich wusste, dass ich nicht kommen würde.

Lieber Leser, vielleicht erinnern Sie sich noch an das Kapitel "Ex-Partner" mit Florian in der Hauptrolle. Kurz vor der Verabschiedung nach der Tram-Fahrt gab es noch einen Dialog, den ich Ihnen für dieses Kapitel versprochen hatte.

Das habe ich deswegen getan, weil er besser zum Thema dieses Kapitels passt. Lassen Sie uns also an den Freitag Abend zurückspringen an die Stelle, an der Florian und ich aus der Tram ausgestiegen waren.

"Dich sieht man ja gar nicht mehr", lispelte Florian.

"Naja, ich war schon sehr lange nicht mehr im R7-Club", gab ich zu. "Wir gehen dort nicht mehr so oft hin."

"Na, das ist mir aber überhaupt nicht aufgefallen!", dröhnte Florian ironisch. "Du hockst ja nur noch zuhause mit deinem Weibchen!"

Ich verdrehte die Augen. Weibchen, dachte ich. Konnte man nicht ein normales Wort benutzen anstatt so ein dämliches?

"Ja, das tue ich eben gerne", antwortete ich fröhlich. "Genau so gern wie am Anfang."

Florian verzog das Gesicht und seine Stimme klang gequält.

"Na, aber man kann doch nicht non-stop nur zusammen daheim auf der Couch hocken und fernsehen und pimpern!"

"Doch!", lachte ich. "Kann man!"

Florian stöhnte.

"Außerdem unternehme ich, wie schon öfter erwähnt, verschiedene Sachen. Nur eben nicht im R7-Club. Stattdessen fahre ich dann eben mal in den Wald zum Spazieren gehen. Oder an die Ostsee für ein Wochenende. Oder ich gehe nett Essen! Bloß weil ich nicht ständig im R7-Club abhänge, bedeutet das nicht, dass ich nichts mache."

Florian stöhnte wieder.

"Also, vielleicht gehst du ja Samstag mal in den R7-Club. Ich bin mit meinem neuen Weibchen auf jeden Fall da."

"Ja, ja!", gab ich nur zurück. Anscheinend konnte Florian einfach nicht verstehen, dass ich diesen Club nicht mehr brauchte.

Lieber Leser, vielleicht denken Sie jetzt auch, dass ich ein Langweiler geworden bin, der nur noch mit seiner Freundin daheim hockt, anstatt kein Langweiler zu sein und endlich mal wieder mit den vernachlässigten Kumpels einen saufen zu gehen.

Vielleicht geht es Ihnen aber genau wie mir und Sie haben so etwas auch schon erlebt.

Im Grunde stört mich so ein Verhalten wie Florians eigentlich nicht, ich empfinde eher Mitleid.

Denn all diese Aussagen zeigen eigentlich nur, dass Florian auch jetzt sein Glück noch nicht gefunden hat.

Hat Ihnen schon einmal jemand gesagt, dass Sie langweilig sind und nur noch mit Ihrem Partner Zeit verbringen? Haben Sie sich davon ein schlechtes Gewissen machen lassen?

Oder haben Sie auch schon so oft wie ich diese Sätze gehört:

Du brauchst auch mal Zeit für dich. Man sollte auch mal etwas alleine, ohne seinen Partner, unternehmen. Oder mit anderen Leuten. Jede Beziehung braucht das. Es tut es einer Beziehung nicht gut, wenn man immer zusammen ist.

Und was, wenn ich Ihnen sage, dass auch dies Phrasen sind, die einfach unsinnig sind?

Denn wer setzt denn bitte die Maßstäbe? Wer legt denn fest, was normal ist? Und wann ist es nicht mehr normal, wenn sie zu viel Zeit mit Ihrem Partner verbringen?

Ich kann Ihnen nur sagen, dass ich genau das mache, was ich will - und das sollten Sie auch tun. Egal wie lange dies Zeit mit dem Partner beinhaltet oder andere Aktivitäten.

Ich verbringe gerne viel Zeit mit meinem Partner. Menschen sind ja unterschiedlich, aber bei mir ist es eben so. Wenn Sie auch gerne viel Zeit mit Ihrem Partner verbringen oder gerne einen Partner hätten, mit dem das so ist, was ist dann falsch daran?

Das bedeutet nicht, dass Sie klammern, einengend sind oder langweilig. Lassen Sie sich so etwas nicht an den Kopf werfen!

Wieso sollten Sie langweilig sein, nur weil sie eben am liebsten alles mit Ihrem Partner unternehmen? Es bedeutet nur, dass Sie den gefunden haben, der bester Freund, Kumpel, Bettgenosse, größter Helfer und leidenschaftlicher Geliebter in sich vereint, sonst nichts. Warum sollten Sie also künstlich auf Distanz gehen, wo es doch naheliegend ist, dass Sie mit dieser Person gerne die meiste Zeit verbringen wollen?

Wie diese Zeit verbracht wird, spielt keine Rolle. Vielleicht unternehmen Sie gerne viel mit Ihrem Partner. Vielleicht treffen Sie auch gerne Freunde oder Bekannte. Vielleicht hocken Sie auch gerne den ganzen Tag zuhause auf der Couch und schauen Netflix.

Ja und?, sage ich da. Tun Sie das doch! Wenn es Sie erfüllt, ist daran nichts Falsches.

Wenn Sie kein Bedürfnis verspüren, wieder mit den oberflächlichen Kumpels einen saufen oder auf Partys zu gehen, zeigt das nur, dass Sie sich weiterentwickelt oder verändert haben. Der Zweck von Partys besteht nun mal oft darin, potentielle Geschlechtspartner kennenzulernen.

Natürlich können Sie gerne immer noch auf Partys gehen, wenn Sie der totale Partyhengst sind, jedoch verheiratet mit zwei Kindern und im höheren Alter.

Aber vielleicht brauchen Sie es auch einfach nicht mehr. Zumindest nicht so wie früher. Also lassen Sie sich nicht einreden, Sie seien langweilig. Das ist nun mal der Lauf der Dinge. Das Leben verändert sich und irgendwann konzentrieren Sie sich eben mehr auf Ihren Partner, Ihre Familie oder auch Ihre Arbeit.

Wenn Ihnen Leute an den Kopf werfen, dass Sie langweilig sind und nichts mehr unternehmen, zeugt dies nur von deren eigener Unzufriedenheit.

Zufriedene Menschen werden Sie verstehen und Ihnen auch nicht sagen, dass Sie sie vernachlässigen. Zufriedene Menschen, die mitten im Beziehungs-, Berufs- oder Familienleben stehen, haben selbst wenig Zeit und werden respektieren, wenn Sie die meiste Zeit mit Ihrer Familie verbringen wollen.

Egal, wie diese Form von Familie aussieht - Sei es mit fünf Kindern, drei Katzen oder nur mit einem Partner.

Doch nun mal zum Wesentlichen.

Florian behauptete in seinem Dialog, dass die Luft schneller raus sei, wenn man zu viel aufeinander säße, gerade am Anfang einer Beziehung.

Über diese Aussage kann ich nur müde lächeln.

Ist es nicht offensichtlich, dass fehlende Luft in einer Beziehung nur bedeutet, dass die Partner von vornherein nicht wirklich zusammengepasst haben?

Eine langfristige Beziehung lebt davon, dass Sie ständig wieder durch frischen Wind (um bei der Metapher Luft zu bleiben) belebt und beseelt wird.

Die Dauer der gemeinsamen Zeit sollte dabei komplett irrelevant sein!

Was nützt es Ihnen, wenn Sie das Gefühl haben, dass Sie nicht zu lange mit Ihrem Partner zusammen sein "dürfen" oder "sollen", weil ihm oder Ihnen dann vielleicht langweilig werden oder die Luft raus gehen könnte?

Wenn das, lieber Leser, die Basis einer beginnenden Liebesbeziehung darstellt, ist es ja nur eine Frage der Zeit, bis sich das ganze wieder im Sand verläuft - auf die harte oder weiche Tour.

Wenn Ihnen der (potentielle) Partner sagt, dass er ein Mensch sei, der sehr viel Zeit für sich brauche, sagt er Ihnen im Grunde nichts anderes ins Gesicht, als dass er unfähig sei, sich wirklich auf einen Menschen einzulassen.

Menschen, die unfähig sind, tiefgehende Liebesbeziehungen aufzubauen, machen sich gerne mit derartigen Phrasen kenntlich:

"Ich brauche sehr viel Zeit für mich."

"Ich möchte nicht immer nur Zeit mit meinem Partner verbringen, ich verbringe auch viel Zeit mit anderen Leuten. Ich fühle mich sonst schnell eingeengt."

"Ich finde es nicht gut, nur alles mit dem Partner zu machen, sonst wird mir schnell langweilig."

Verstehen Sie mich auch hier nicht falsch.

Es ist natürlich völlig normal, dass Menschen auch gerne Zeit mit anderen Freunden verbringen und nicht nur mit dem Partner zusammenkleben müssen.

Wenn Sie aber ein Mensch sind, der eine tiefgehende und langfristige Beziehung sucht, sollten Sätze wie "Ich fühle mich schnell eingeengt!" Alarmsignale für Sie darstellen.

Aus einem ganz einfachen Grund:

Ein Mensch, der seinen Partner liebt, fühlt sich von ihm nie eingeengt.

Völlig egal, wie viel jemand gerne mit anderen Freunden und Bekannten unternimmt oder wie gern jemand mal mit seinen Kumpels einen saufen gehen will: Wenn er Sie liebt, wird er sich dabei niemals von Ihnen eingeengt fühlen. Im Gegenteil, er wird Sie eher mitnehmen wollen!

Und selbst wenn Sie nicht mitkommen auf die Sauftour: Er wird nicht von Ihnen erwarten, dass Sie sich fernhalten.

Und hier sind wir auch schon beim wesentlichen Punkt.

So oft schon habe ich schon Menschen sagen hören, dass eine Beziehung sie einschränken würde. Viele Menschen scheinen den Status "In Beziehung" gleichermaßen damit zu assoziieren, dass Sie zwar etwas gewonnen haben, gleichzeitig aber auch etwas verloren.

Ich verstehe bis heute noch nicht warum.

Für mich - und das sollte es für Sie auch sein, lieber Leser - ist eine Beziehung eine reine Bereicherung. Es gibt daran nichts Einengendes oder Beschränkendes!

Warum auch? In einer gesunden Beziehung können Sie alles tun, was Sie wollen - und dazu haben Sie die Vorteile einer Beziehung.

Ich denke, die Vorteile muss ich Ihnen nicht groß aufzählen…

Emotionale und körperliche Nähe, ein Gesprächspartner für Themen aller Art, ein Helfer und Unterstützer in schweren Zeiten, regelmäßiger Sex, gemeinsame Aktivitäten, finanzielle Vorteile (auch wenn diese natürlich nicht der Hauptgrund sein sollten, sind sie dennoch vorhanden) und so weiter.

Nun gut, bei manchen kann es zugegebenermaßen ein finanzieller Nachteil sein, wenn die Erwartungen an den Ring zum Geburtstag im vierstelligen Bereich liegen.

Aber Spaß beiseite.

Doch nun zu den Einschränkungen: Wo sind diese?

Wenn sie Single sind, können sie schlafen, mit wem sie wollen, sagen Sie jetzt zu mir.

Ja, will ich das? Also, ich nicht. Wenn man sich einen Partner sucht, der alle sexuellen Wünsche in Erfüllung gehen lässt, wozu sollte man dann noch mit anderen schlafen? Es kann doch nur schlechter werden.

Was noch? Man zockt nicht mehr so viel wie früher, hat Florian behauptet.

Das scheint auch generell ein Problem bei sämtlichen Freizeitbeschäftigungen in Beziehungen zu sein.

Wieso sollte das aber so sein? Warum sollte man eingeschränkt sein?

Wenn sie 5 Stunden Fortnite spielen wollen, dann spielen sie es doch! Ihr Partner kann sich doch sicher auch selbst beschäftigen!

Wenn Ihr Partner Herr der Ringe Abend machen will und sie die Filme schon auswendig kennen, dann lassen Sie ihn doch!

Schauen Sie sich im Nebenzimmer etwas anderes an oder gehen Sie Sport machen.

Dieses Spiel kann man unendlich fortsetzen. Es läuft immer auf das Gleiche hinaus: Es gibt keine Einschränkungen, nur, wenn Sie oder Ihr Partner welche erzeugen!

Einschränkungen gibt es nur, wenn eine der Parteien Hobbys oder Aktivitäten des anderen nicht akzeptieren kann, was erschreckend oft vorkommt.

Oft werden Aktivitäten ohne ersichtlichen Grund kritisiert oder nicht gut geheißen.

"Der spielt ständig dieses blöde Spiel am Computer, das nervt!"

"Sie schaut die ganze Zeit diesen scheiß Bachelor an. Was für eine blöde Show!"

Ich kann nur sagen: Lassen Sie den anderen doch tun, was er will! So haben Sie keine Probleme und der andere hat es auch nicht. Es gibt für niemanden Einschränkungen und die Beziehung kann vollends genossen werden.

Natürlich gibt es bei allem Grenzen. Das Maß spielt eine Rolle.

Ich kann verstehen, dass eine Partei unzufrieden wird, wenn die andere World-of-Warcraft-süchtig ist und sieben Monate nichts anderem Aufmerksamkeit schenkt, einschließlich Ihnen.

Wenn Sie sich vernachlässigt fühlen oder finden, dass Ihr Partner nicht mehr genug Zeit mit Ihnen verbringt, ist das natürlich ein gerechtfertigtes Problem für die Beziehung, über das diskutiert werden sollte.

Hier geht es im Normalfall aber auch wieder darum, wie sehr Sie und Ihr Partner zusammenpassen. Wenn Sie ein Mensch sind, der gerne viel mit dem Partner unternimmt, müssen Sie sich natürlich auch einen suchen, bei dem das genauso ist. Dies zeigt sich ja normalerweise schon relativ früh in einer Beziehung.

Dies hat aber nichts mit Einschränkungen in einer Beziehung zu tun, sondern schlichtweg damit, dass wie gesagt. die Partner nicht zusammenpassen.

Olaf meinte einmal zu mir, dass er ja auch keine Beziehung haben könne, weil man in einer Beziehung immer im gleichen Bett schlafen müsse. Er selbst sei aber jemand, der sehr gerne alleine schlafe. Also könne er keine Beziehung haben, weil man "da ja zusammen schläft, da kann man ja nicht sagen, dass man jetzt ins andere Zimmer gehe und gute Nacht!".

Ich verstand nicht, wieso er auf diesen Müll kam.

Ich versuchte, ihm zu erklären, dass es bestimmt hunderte potentielle Partnerinnen gab, die entweder damit kein Problem haben würden oder sogar selbst gerne in einem eigenen Bett schlafen würden.

Leider ignorierte Olaf meine Erklärung.

Wenn Sie zusammenpassen und die Freizeitaktivitäten respektiert werden, gibt es eine Beziehung ohne Einschränkungen und nur mit Beziehungsvorteilen.

Wenn Ihnen ein Partner am Anfang sagt, dass er viel Zeit für sich braucht, rate ich Ihnen (sofern sie nicht selbst so ein Typ Mensch sind) die Finger davon zu lassen.

Schließlich wollen Sie ja vielleicht auch mal mit ihrem Partner zusammen ziehen oder lange in den Urlaub fahren. Und was bringt es Ihnen dann, wenn schon zuvor die Dauer gemeinsam verbrachter Zeit so genau unter die Lupe genommen werden muss?

In einer laufenden Beziehung, in der plötzlich derartige Phrasen kommen, bedeutet dies leider ebenfalls nichts Gutes.

"Ich brauche mehr Zeit für mich. Ich möchte mehr alleine unternehmen."

Wenn zwei Menschen etwas Verschiedenes tun wollen, können und sollten sie dies auch immer tun können, egal ob in Beziehung oder nicht.

Wieso sollte man, um einer Aktivität oder einem Hobby nachzugehen, zwanghaft alleine, also fern vom Partner sein müssen?

Wenn Sie nicht gerade in einer Ein-Zimmer-Wohnung mit 12 Quadratmetern mit Ihrem Partner zusammenwohnen, können Sie schlichtweg ausweichen.

Wenn Ihr Partner Counter Strike: Global Offensive spielt und Sie das Rattern der Maschinengewehre stört, dann gehen Sie doch einfach ins Wohnzimmer und machen die Tür zu. Sie sehen, es gibt keinen Grund, dass Ihr Partner nicht in der Wohnung ist, es sei denn, er hat genug von Ihnen.

Und das ist leider der Fall, wenn Ihnen jemand mit einem Spruch wie "Ich brauche Zeit alleine" kommt und damit meint, dass er explizit ohne Sie auf eine Party gehen will.

In einer gesunden Beziehung würde Sie Ihr Partner auf die Party mitnehmen. Oder, wenn er alleine gehen wollte und Sie doch mitkommen wollen, würde es Ihn entweder freuen oder es wäre ihm egal. Was auch immer es ist, er würde auf jeden Fall nicht wollen, dass Sie zwanghaft nicht anwesend sind.

Sie sehen also, worauf es hinausläuft. Wo sich Aktivitäten überschneiden, werden sie gemeinsam unternommen. Wo dies nicht der Fall ist, werden sie getrennt unternommen, aber nicht gezwungenermaßen mit Abstand.

Wo, lieber Leser, ist also hier jetzt eine Einschrän-
kung?

Error 13: Unzureichende Kommunikation

Rina und ich saßen im Dönerladen unter dem Fitnessstudio.

Es war Donnerstag und wir hatten gerade eine Stunde trainiert. Rina hatte sich auf Ausdauer konzentriert, während ich eher Kraftsport betrieben hatte.

Schon während wir trainiert hatten, fanden wir die Idee nicht schlecht, es mit einem ordentlichen Döner wieder wettzumachen.

So saßen wir also an dem kleinen Tisch an der Ecke, der etwas wackelte, wenn man sich darauf lehnte.

Rina las etwas an ihrem Handy, dann steckte sie es kommentarlos in ihre Handtasche.

"Jonas geht mir auch so auf die Nerven", fing sie an. "Er sucht ja einen neuen Job, weil er einfach zu wenig kriegt. Ich musste ihm ja letzten Monat schon Geld leihen, weil er seine Stromrechnung nicht zahlen konnte und eine Mahngebühr bekommen hat. Das Geld sehe ich wohl nie wieder."

Rina schlürfte am Strohhalm ihrer Fanta, dann redete sie weiter.

"Ich habe dann mal seine Bewerbung angeschaut und gesehen, dass er die total schlampig gemacht hat. So wird das nichts, dachte ich mir. Jetzt nervt er mich schon tagelang damit. Und jetzt gerade schreibt er schon wieder, dass er 'ne Absage bekommen hat und nervt mich damit."

Rina verstellte ihre Stimme.

"Ich habe wieder 'ne Absage! Die können mich alle mal! Was soll ich denn jetzt machen? Und du antwortest mir ewig nicht! Bist du sauer auf mich oder genervt?"

Sie wurde wieder normal.

"Ich schreibe dem jetzt nix mehr. Der soll erstmal merken, dass ich die Nase voll von ihm und seinem Gejammer habe."

Sie machte einen Strich mit dem Mund und schaute genervt aus dem Fenster.

"Hast du ihm mal gesagt, wieso du von ihm genervt bist? Oder dass seine Bewerbung schlecht ist und er die überarbeiten sollte?", fragte ich.

Rina drehte den Kopf hin und her und zögerte. "Naja, nein. So direkt habe ich ...Also, habe ich ihm jetzt nichts gesagt."

Lieber Leser, bevor ich auf das Thema eingehe, möchte ich gleich noch eine zweite Geschichte erzählen, die ebenfalls zum Thema passt.

Diesmal geht es um einen alten Bekannten und Schulfreund namens Bernd aus Süddeutschland, mit dem ich einige Jahre in einem Büro zusammenarbeitete, bevor ich zu Ina zog.

Bernd hatte sich gerade von seiner Freundin Kerstin getrennt, weil diese "andere Erfahrungen" machen wollte. Sie riet Bernd dazu, dies ebenfalls zu tun. Da sie anschließend merkte, dass Bernd doch nicht so schlecht war, wollte sie zu ihm zurück.

Ich fuhr als Beifahrer in Bernds Auto mit.

"Fahr mal nicht immer so nah auf", meckerte ich.

Wir fuhren von der Arbeit nach Hause und waren gerade auf einem kleinen Abschnitt Autobahn.

Bernd fuhr etwa 20 Meter hinter einem Auto, obwohl er 100km/h drauf hatte.

"Ja, ja, ist ja gut", brummte Bernd und trat etwas auf die Bremse.

"Also, auf jeden Fall hat Luise mir ja dann im Auto einen geblasen", erzählte er. "Ich habe das vor zwei Wochen Kerstin erzählt. Das ist doch gut! Das freut mich! Das hat sie geantwortet. Sie meinte ja vor 'nem Monat, ich soll auch was mit anderen Frauen haben und nicht so auf sie fixiert sein."

Bernd fuhr die Ausfahrt runter auf die Landstraße.

"Aber jetzt - also zwei Wochen später - sucht sie wieder viel Kontakt. Vorgestern schon. Und heute Vormittag wieder. Sie macht deutlich, dass sie mich wieder haben will, obwohl es ja eigentlich aus war."

"Heute schon wieder? Sag jetzt nicht, dass du das willst."

Ich sah Bernd irritiert von der Seite an.

"Ich brauche auf jeden Fall Abstand", antwortete Bernd bestimmt. "Sie soll mich mal in Ruhe lassen. Ich möchte sie nicht sehen und mich nicht mit ihr beschäftigen."

"Das ist schon dreist." Ich schüttelte den Kopf. "Sie spinnt herum, sagt dir, dass sie andere bumsen will, und ihr macht Schluss, was ich schon schlimm genug finde. Wenigstens hat sie dich nicht betrogen. Aber dann - typisch wie das so ist - fällt ihr auf, was sie mit dir weggeworfen hat, nachdem der Neue nichts taugt. Oh, der Bernd ist doch nicht so schlecht, den hole ich mir jetzt wieder. Und jetzt kommt sie wieder bei dir an. Du solltest ihr sagen, dass sie ihre Annäherungsversuche bleiben lassen kann und du nichts mehr mit ihr zu tun haben willst."

"Ja, wirklich!", bekräftigte Bernd. "Sie meinte vorgestern, ob wir nochmal reden können. Dass sie gerne mit mir telefonieren würde. Dann heute Vormittag kommen wieder Nachrichten in Whatsapp. Wie geht es dir? Ich denke viel über dich nach. Blabla! Sie soll mich mal lassen! Sie soll aufhören, mir Nachrichten zu schreiben. Es ist echt heftig. Erst lässt sie mich sitzen, dann kommt sie wieder so an und denkt, dass ich sie gleich wieder zurücknehme! Die soll aufhören, mich zu kontaktieren!"

"Hast du ihr das denn mal genau so gesagt? Oder geschrieben?", fragte ich schließlich.

"N...Nein." Bernd klang kleinlaut.

Ich fing an zu lachen. "Oh Mann, Bernd!"

Bernd fing selber an zu lachen.

Einige Wochen später war ich schockiert.

"Wieder mit ihr zusammen? Ernsthaft?"

Wir waren in der Büroküche. Bernd machte sich einen Kaffee.

"Sie hat jetzt lange genug gelitten. Sie hat es lange genug probiert, jetzt am Wochenende hatten wir wieder was. Seitdem sind wir quasi wieder zusammen."

Ich stöhnte und schüttelte den Kopf.

Bernd zuckte mit den Achseln.

"Sie ist schon irgendwie die, die ich immer wollte. Das Ganze ist jetzt Geschichte. Sie war sogar beim Psychologen und hat über die ganze Sache geredet.

Über Bindung und wie sie mich behandelt hat und so."

Ich konnte es nicht so ganz begreifen.

"Aber wie kannst du jetzt so mit ihr weitermachen? Sie hat mit dir Schluss gemacht, 'nen anderen Kerl gehabt, du andere Frauen und jetzt bist du wieder gut genug? Wie kannst du jetzt so diese Beziehung fortführen?"

"Ich bin einfach emotionsloser geworden. Das Ganze hat mich so kühl gemacht. Ich gehe jetzt einfach anders mit der Beziehung um. Ich lebe einfach so, dass ich zu jeder Zeit jeden Moment Schluss machen könnte. Und sie weiß das auch! Wenn sie irgendwas Dummes machen würde, zum Beispiel wieder einen anderen Kerl treffen, würde ich sofort die Beziehung beenden. Das weiß sie genau. Ohne Wenn und Aber."

"Aber das ist doch kein Zustand. Das ist doch keine liebevolle Beziehung mehr. Wieso will man sowas?"

Bernd antwortete nichts.

"Kerstin ist schwanger."

Einige Monate später teilte mir Bernd diese Neuigkeiten mit.

Ich konnte es kaum glauben und auch nicht ganz nachvollziehen.

Bernd erzählte mir einige Details, bis ich schließlich nicht anders konnte.

Ich fragte: "Ich möchte dir nicht zu nahe treten, aber findest du, dass es eine gute Idee ist, mit ihr ein Kind großzuziehen? Sie hat dich schon mal hängen lassen und wer weiß, ob sie irgendwann wieder herumspinnt und einen anderen Kerl will. Dann habt ihr das Kind und das kriegt alles mit. Ich hätte mir lieber jemanden gesucht, dem man wirklich vertrauen kann, um ein Kind großzuziehen. Oder wenigstens länger gewartet."

"So schlimm ist das jetzt auch wieder nicht", brummte Bernd. "Es war nicht geplant, aber ist halt jetzt doch passiert. Ich wollte eh Kinder haben, so habe ich halt jetzt schon eins. Und lieber habe ich jetzt mit fast 30 eins und ziehe es 20 Jahre lang groß, dann habe ich danach noch was vom Leben."

Ich musste mir das Lachen verkneifen, weil er gerade indirekt ausgesagt hatte, dass er jetzt 20 Jahre lang nichts mehr vom Leben hatte.

"So ein Kind verbindet ja auch. Dann kommt sie nicht mehr auf dumme Gedanken. Außerdem bin ich richtig froh, dass jetzt alles vorbei ist. Irgendwann kommt es sowieso in jeder Beziehung so weit, dass einer fremdgeht oder andere sexuelle Erfahrungen machen will. Da hab ich es lieber, wenn das Thema jetzt schon durch ist. Lieber kommt es jetzt als später, wenn es doch sowieso kommt. Dann habe ich das Problem später nicht mehr."

Ich konnte nicht ganz glauben, was ich da hörte. Es kommt sowieso? Lieber jetzt als später? Wie bitte?

"Und was das Kind angeht", redete Bernd weiter, "Ich bin auch mit getrennten Eltern aufgewachsen. Dann wäre es halt so. So schlimm ist das auch nicht. Dann zieht man das Kind eben getrennt groß."

Super für das Kind, dass du das findest, dachte ich.

Lieber Leser, eigentlich hat der Teil nach der Autofahrt natürlich nichts mehr mit dem Kapitel zu tun, aber auch hier wollte ich Ihnen die Geschichte nicht vorenthalten.

Bernd ist mit Kirsten mittlerweile sogar verheiratet. Ich frage mich, ob Bernd Recht hat und das Thema mit dem Fremdgehen bei ihnen wirklich schon durch ist. Denn das Problem, das sowieso in jeder Beziehung irgendwann kommt, wurde doch am Anfang schon gelöst. Oder trifft es eher zu, dass Kirsten ähnlich wie Ina denkt, dass sie etwas Besseres findet und dementsprechend früher oder später wieder so handeln wird? Was denken Sie?

Ich glaube, Sie wissen, was ich denke.

Aber bleiben wir beim Thema: Unzureichende Kommunikation.

Ich denke, dass jeder schon oft gehört hat, wie wichtig Kommunikation in einer Beziehung ist.

Komischerweise sind viele Menschen in Beziehungen nicht fähig, klar, deutlich und vor allem ausreichend zu kommunizieren.

So entstehen oftmals unzählige Probleme, die teilweise einen hohen Komplexitätsgrad erlangen und sogar noch weitaus schlimmere Folgen verursachen - alles nur durch fehlende Kommunikation!

Oder sollte man Misskommunikation sagen - denn oft wird zwar sogar kommuniziert, aber missverständlich und uneindeutig.

Es werden zweideutige Nachrichten verschickt, Worte falsch interpretiert und falsche Schlüsse gezogen.

Nun kann es ja mal passieren, dass man etwas falsch versteht, etwas in den falschen Hals bekommt oder etwas ohne böse Absichten überhaupt nicht kommuniziert wird. Aber wieso wird nicht an Ort und Stelle geklärt, wo dann das Problem liegt und es einfach aus der Welt geschafft?

Menschen neigen dazu, Probleme nur aufgrund von ausbleibender Kommunikation zu erschaffen, anstatt miteinander zu sprechen.

Wo Dunkel ist, wird so sofort Licht. Wo Probleme waren, sind unter Umständen gar keine mehr, weil es vielleicht nur ein Missverständnis war - wenn sie einfach miteinander sprechen!

Und selbst wenn nicht, wird ein Problem nicht gelöst, wenn nicht mit der entsprechenden Person darüber gesprochen wird.

Es wird existent bleiben. Warum sollte es von alleine verschwinden oder dadurch, dass Sie sich bei anderen darüber beschweren?

Viele neigen dazu, sich bei anderen Personen zu beklagen. So wird ausführlich berichtet, was der Freund wieder gemacht hat oder die Frau verbockt hat. Die Beschwerden werden bei außenstehenden Personen abgeladen.

Auf die Frage, ob denn mal der Partner selbst direkt darauf angesprochen wurde, kommt meist beklemmende Stille als Antwort.

Natürlich können Sie andere Personen um Rat fragen, aber das Augenmerk sollte auf dem Partner liegen, wenn es ein Problem mit diesem gibt.

Warum also zehn anderen Leuten mitteilen, was Sie Ihrem Partner eigentlich sagen sollten. Was Sie klarstellen wollen und womit Sie ihn konfrontieren sollten?

Tun sie es doch einfach bei ihm!

Warum erzählt Rina von der schlechten Bewerbung ihres Freundes Jonas und antwortet ihm nicht mehr, anstatt ihn einfach darauf anzusprechen?

So weiß Jonas nicht, wieso Rina genervt ist. Zudem findet er vermutlich keinen Job, weil seine Bewerbung schlecht ist. Rina bleibt genervt. Dieses Verhalten ist also schlichtweg nur destruktiv.

In unglaublich vielen Beziehungen wird mangelhaft kommuniziert. So bleiben Probleme ständig präsent, weil die Partner oftmals gar nichts von ihrem falschen Verhalten wissen. Wie sollen sie auch, wenn ihnen niemand sagt, dass es falsch oder störend ist?

Und jetzt ist das noch eine milde Variante.

Schlimmer ist es, wenn tatsächlich Missverständnisse entstehen. Diese können durch mangelnde oder vollständig fehlende Kommunikation in Beziehungen auch sehr schnell eskalieren.

Meine Schwester erzählte mir mal von einer Soap im Abendprogramm. Dabei hatte eine Frau den Verdacht, dass ihr Freund sie betrügt. Sie steigerte sich so hinein, dass sie schließlich selbst mit einem anderen Mann ins Bett ging. Sie wollte sich an ihrem Partner rächen, der sie bestimmt betrogen hatte.

Schließlich stellte sich heraus, dass es ein Missverständnis war und ihr Freund sie überhaupt nicht betrogen hatte. Sie hatte ihn nie einfach direkt darauf angesprochen.

Dadurch hatte sie ihre Beziehung zerstört, als das Ganze ans Tageslicht kam.

Natürlich können Sie jetzt sagen, dass es ja eine Soap war. Aber jetzt, wo Sie schon nahezu mein ganzes Buch mit wahren Geschichten gelesen haben

- kommt Ihnen nicht fast alles wie Stoff für eine Soap vor?

Ich bin mir sicher, dass so etwas wie in dieser Soap schon oft im richtigen Leben vorkam, da die Menschen lieber etwas hineininterpretieren und Vermutungen anstellen, anstatt Tacheles mit genau der betroffenen Person zu reden. Und nicht mit dem besten Freund. Oder der besten Freundin der Person. Oder dem Onkel. Oder überhaupt mit niemandem.

Stört es Sie, dass Ihr Partner immer den Klodeckel oben lässt? Dann bitten Sie ihn jedesmal, wenn er es vergisst, daran zu denken, weil es Ihnen wichtig ist, anstatt Ihren Bekannten zu erzählen, wie sehr Sie das nervt.

Stört es Sie, dass Ihr Partner immer von einer riesigen Hochzeit mit fünfhundert Leuten spricht, obwohl Sie gerne eine familiäre mit zehn Gästen hätten? Dann reden Sie doch einfach mit Ihrem Partner und finden einen Kompromiss, anstatt sich wiederholt bei der Tante zu beklagen, wie schlimm doch die Ansprüche Ihres Verlobten sind und von Ihren abweichen.

Stört es Sie, dass Ihre Partnerin mit dem ehemaligen Studienkollegen in eine Bar geht? Dann fragen Sie sie doch, wer der Kerl ist oder ob Sie mitkommen können, anstatt gar nichts zu sagen und Vermutungen anzustellen, dass sie nun vielleicht mit ihm flirtet. Oder schlimmer noch - mit einer anderen Frau ins Bett zu gehen, um vorsorglich zu betrügen, bevor sie betrogen werden, um dann festzustellen, dass es sich nur um den Cousin handelte!

Error 14: Unfähigkeit zur Selbstreflektion

Lieber Leser, kommen wir zum letzten Kapitel. Es sei erwähnt, dass das Kapitel eigentlich nicht nur auf Beziehungsprobleme beschränkt ist. Vielmehr ist es ein ganz allgemeines Problem der Gesellschaft, wie der Name "Unfähigkeit zur Selbstreflektion" schon sagt.

Ich beschränke mich hier jedoch weiterhin auf Beziehungsprobleme und habe eine Geschichte von Sascha für Sie parat.

Im Grunde würde sie auch in das Kapitel "Verwechslung von Liebe und Abhängigkeit" passen, aber in diesem Fall möchte ich ja konkret auf mangelnde Selbstreflektion hinaus.

Das Ganze spielte sich einige Monate nach der Trennung von Sascha und Nadja ab.

Ich lebte zu diesem Zeitpunkt noch in Süddeutschland und ging ab und zu in einer größeren Stadt aus.

"Hey! Schön dich mal wieder zu sehen!" Sascha strahlte. Er wies auf die Dame neben sich. "Das ist Tany - also Tanya. Meine neue Freundin!"

Tany kam direkt auf mich zu und strahlte mich an. "Hallo! Freut mich, dich kennenzulernen! Ich bin die Tany!"

Sie war mir sehr nahe. Dieser natürliche Abstand zu Menschen, die man gerade erst kennenlernte, war sofort überschritten worden. Ich fühlte mich ein wenig überrumpelt.

"Hallo, freut mich auch!", antwortete ich höflich und wich einen Schritt zurück.

"Wir sind hier mit einem Haufen von Leuten", erklärte Sascha. "Endlich mal wieder ein bisschen feiern gehen."

Es war Samstag Nacht und wir waren auf einer 90er Techno-Party.

Die Musik war gerade nicht so der Hit, aber die Stimmung war gut.

Wir standen außerhalb der großen Halle im Raucherbereich.

Sascha zündete sich eine Zigarette an.

"Hmm?", machte er und hielt mir seine Kippenschachtel hin.

"Nein danke!", grinste ich. "Ich bin Nichtraucher. Immer noch."

"Hmm!", machte Sascha wieder, zuckte die Achseln und packte die Schachtel in die Tasche.

"Na, das ging ja dann doch schneller als gedacht", sagte ich etwas leiser und grinste wieder.

"Wie, wo und wann habt ihr euch denn kennengelernt?"

Sascha und ich waren ein Stück weiter abseits gegangen. Tany unterhielt sich rege mit einem der Kerle, die mit Simons Clique gekommen waren.

"Es war auf einer Geburtstagsfeier eines Bekannten", erklärte Sascha und veränderte plötzlich seine Tonlage. "Das war eh voll krass!", sagte er leise, aber energisch. "Da ist einiges Heftiges schon gelaufen. Sie hatte halt vor kurzem eine Fehlgeburt!"

"Was?", stieß ich aus, wurde dann aber schnell wieder leiser. "Fehlgeburt?"

"Ja! Am Abend nach der Feier sind wir nach Hause und hatten noch Sex. Beim dritten Mal eine Woche später hatten wir keinen Gummi und dachten halt: Egal, wird schon nichts passieren. Und - Bamm! - sofort schwanger geworden! Voll heftig!"

"Oh Mann! Sascha! Ohne Gummi, ernsthaft?", konnte ich mir nicht verkneifen.

"Ja, ich weiß, wir dachten halt nicht, dass sofort was passiert."

Ach, wirklich?, dachte ich, sagte aber nichts.

"Und dann haben wir halt gesagt: Ok, wir wollen das Kind. Wir haben uns so gut verstanden und haben uns entschieden, es zu bekommen. Und nicht abzutreiben oder so. Aber dann hatte sie halt 'ne Fehlgeburt. Dann war es erst mal voll schlimm und alles, sie hat viel geweint. Diese psychische Belastung und so."

"Ja klar. Das ist schon heftig." Ich nickte verständnisvoll.

"Auf jeden Fall geht es jetzt wieder und es läuft echt super. Wir blicken nach vorne. Und gut zusammen passen tun wir eh."

"Das freut mich!", antwortete ich und hob meine Bierflasche zum Anstoßen.

"Wie läuft es so mit dem Handball?", fragte mich Sascha schließlich.

Ich fing an, ein wenig zu erzählen und Sascha hörte zu. Ab und zu nickte er und lachte.

Ich bemerkte, dass seine Augen zwischendurch immer wieder zur Seite rollten, während ich redete.

Irgendwann schaute ich selber zur Seite und bemerkte, dass Tany sich weiterhin rege mit Saschas Bekannten unterhielt. Auch bei ihm war der Abstand zwischen sich und Tany mittlerweile sehr gering geworden.

Ich redete weiter, da ich gerade in Fahrt war und Sascha hörte mir weiter zu.

Seine Augen wanderten wieder zur Seite.

Ich sah ebenfalls nochmal in Tanys Richtung und bemerkte, dass sie ca. 15 cm vom Gesicht des anderen Kerls entfernt war. Der wiederum schäkerte offensichtlich und zeigte eine provokante Mimik im Gesicht. Tany kicherte und näherte sich auf etwa 10 cm. Es sah fast aus, als würde sie ihn gleich küssen.

Ich machte eine kurze Pause mit meinem Monolog.

Dann wollte ich weiter reden.

"Moment mal kurz", unterbrach mich Sascha jedoch und ging zu Tany.

Er sagte irgendetwas.

Tany sah ihn, drehte sich zu ihm und sprang ihm um den Hals. Sie fing an, Sascha abzuknutschen und zu kichern. Der Kerl, mit dem Tany geflirtet hatte, wich einen Schritt zurück, grinste aber immer noch.

Ich zog skeptisch die Augenbrauen nach oben und ging schließlich in die Halle zurück.

Etwa zwei Jahre später kontaktierte mich Sascha und fragte, wie es mir so ginge.

Ich war zwischenzeitlich in den Norden von Deutschland gezogen.

Nach einem kurzen Gespräch über Sprachnachrichten fragte ich, wie es denn so im Liebesleben ginge und ob Sascha noch mit Tany zusammen sei.

"Ach, hör mir bloß auf", kam aus dem Telefon eine längere Sprachnachricht. "Also, um das vorweg zu nehmen: Ich bin mit Tany zusammen. Wieder. Aber wir hatten uns zwischenzeitlich getrennt. Das war ein totaler Scheiß mit ihrem Ex-Freund. Es war ein ständiges Hin- und Her. Weißt du, das Problem ist einfach: Sie arbeitet ja auch hobbymäßig in der Werkstatt, wo auch ihre ganze Clique arbeitet. An Autos rumschrauben und so, so wie ich das ja auch gerne mache. Aber in dieser Clique ist auch ihr Ex. Ich kann dann ja nicht sagen, sie soll dort nicht mehr hin, weil sie kennt dort ja die ganzen Leute und ist mit denen befreundet. Aber irgendwann haben wir uns dann gestritten, weil sie abends dort noch rumhing und wir uns eigentlich treffen wollten. Ich meinte, es kann ja nicht sein, dass sie mit ihrem Ex dort in der Werkstatt abhängt anstatt mit mir, so wie es vereinbart war. Dann ist das Ganze eskaliert und sie wollte Schluss machen."

"Oh Mann", antwortete ich. "Also, sie hatte wieder was mit ihrem Ex? Und wieso bist du dann wieder mit ihr zusammen?"

"Es ist schon länger her und sie hat sich wieder beruhigt. Wir haben viel diskutiert und sie meinte, dass sie es lässt mit der Werkstatt. Dann sieht sie ihren Ex auch nicht mehr. Sie hat sich entschuldigt und meinte, dass ich ihr so wichtig bin und so weiter. Ich habe ihr dann halt verziehen. Man muss auch mal die Vergangenheit ruhen lassen nach vorne schauen."

Ich schloss den Mund, den ich gerade geöffnet hatte.

Eine weitere Sprachnachricht kam an.

"Weißt du, es ist eben die Tany. So eine gibt es nur einmal. Mit ihr kann ich über Automotoren reden, an der Karre herumschrauben und alles mögliche. Mit welcher Frau kann man das schon."

"Ich will dir jetzt nichts schlecht reden. Oder dir zu etwas raten. Aber denkst du wirklich, dass das noch was wird mit ihr? Meiner Erfahrung nach, wenn sich zwei getrennt haben, kommen sie nicht mehr wirklich zusammen. Und selbst wenn, wird es nie wieder so sein wie am Anfang. Auch dass sie wieder zu ihrem Ex zurück ist, wäre für mich schon ein No-go."

Ich diskutierte noch eine Weile mit Sascha, doch er bestand auf seiner Meinung, der Sache noch eine Chance zu geben.

Ich hörte längere Zeit nichts mehr von Sascha.

Irgendwann, etwa ein Jahr später, nahmen wir den Kontakt wieder auf.

Sascha berichtete schnell von seinem derzeitigen Beziehungsstatus.

"Wir haben uns getrennt", kam aus meinem Handy, als ich die Sprachnachricht abhörte. "Das war eine Tragödie, sag ich dir. Es reicht aber jetzt. Sie ist völlig durchgedreht! Wir hatten schon die ganze Zeit wieder Streitereien und Hin- und Her. Da fährt sie am Abend weg und gibt einfach nicht Bescheid, wo sie ist. Und das, obwohl wir eine Diskussion hatten, dass wir uns gegenseitig Bescheid geben, wenn wir alleine ausgehen. Dann fährt sie in so 'ne scheiß Bar und es kommt nichts mehr. Ich sagte ihr, wir haben es ausgemacht und sie hat eingewilligt, aber dran gehalten hat sie sich nicht. Da kam nur: Nerv mich nicht mit dem Scheiß! Dann war die Kacke am Dampfen, hat sich irgendwann aber wieder gelegt. Aber dann rastete sie letztens komplett aus. Da war wieder irgendwas mit ihrem Ex, dass er sich bei ihr gemeldet hat, obwohl sie das nicht wollte. Dann haben wir uns nochmal gestritten und daraufhin wollte sie zu ihm fahren und ihm klarmachen, dass er uns in Ruhe lassen soll. Sie wollte dann zum Schlüsselkasten, den wir letztens neben die Tür gebaut haben. Da hat sie den kompletten Kasten runtergehauen vor Wut! Der flog runter und war kaputt und die ganzen Schlüssel lagen am Boden 'rum. Als wäre das nicht genug, hat sie sich einen Baseballschläger geschnappt und die 9mm von meinem Opa. Spinnt die? Sie kann doch nicht mit 'ner Waffe und 'nem Baseballschläger losziehen!"

Ich war sprachlos.

"Wie bitte? Oh Mann, die ist wirklich durchgedreht! Gut, dass du dich getrennt hast. Finger weg von der! Die gehört doch in eine Anstalt. Ist etwas passiert?"

"Nein, die 9mm war nicht geladen. Aber trotzdem, total krank. Sie hat das Zeug dann wohl doch im Auto gelassen und nur diskutiert mit ihm. Und seitdem ist da auch Ruhe."

"Hast du einen Waffenschein? Ohne darf man meines Wissens keine Waffe besitzen, ich hoffe das ist dir klar. Da machst du dich strafbar."

"Ach, das mit der 9mm läuft so unter der Hand, die liegt normalerweise im Schrank und niemand weiß etwas davon…"

Unter der Hand. Ich zog die Augenbrauen nach oben. Tany offensichtlich schon, dachte ich und schüttelte den Kopf.

Das Gespräch ging noch eine Weile mit weiteren Sprachnachrichten hin- und her. Schließlich verabschiedeten wir uns.

Wir hatten die folgenden Tage weiterhin immer mal wieder Kontakt. Meistens erzählte mir Sascha von seinem Single-Leben und von Frauen, die er traf. Er war nicht gerade erfolglos. Umso weniger verstand ich, warum er mir nur wenige Wochen später zu meinem Entsetzen gestand, dass er wieder mit Tany zusammen war. Ich konnte es nicht fassen. Als wäre das ganze On-Off-Verhalten und die Streitereien nicht genug, sollte einem spätestens eine manisch herumlaufende Frau mit Pistole und Baseballschläger zu denken geben.

Sascha jedoch schien abhängig zu sein, fast schon besessen. Ich verstand es nicht.

"Ich hatte was mit dieser einen", erzählte Sascha gerade. "Die eine Schwarzhaarige, von der ich auch ein Bild geschickt habe. Ich bin mit ihr im Auto in den Wald gefahren und habe sie auf der Motorhaube zerlegt. Aber sowas von!"

Sascha lachte.

"Aber irgendwie rührte sich bei mir nichts. Also, emotional. Ich spüre einfach nichts. Ich frage mich, ob es sowas wie die große Liebe wirklich nur einmal gibt. Die ganzen Mädels waren mir einfach komplett egal, obwohl sie hübsch und nett waren. Keine Ahnung. Die Tany ist eben einzigartig. Ich kann es nicht erklären."

"Aber...Die Aktion mit der Pistole und all das. Was ist damit? Kannst du das einfach so vergessen? Und das ständige Hin- und Her mit ihrem Ex. Denkst du wirklich, wo es schon so schlimm bei euch war, wird es plötzlich anders werden? Auch wenn ich bisher noch drum herum geredet habe, muss ich diesmal einfach raten: Trenne dich endlich von ihr und das ein für alle mal!"

"Das ist alles nicht so schlimm. Mir geht es ja nicht schlecht. Im Moment geht es mir wieder richtig gut und vieles hat sich beruhigt", spielte Sascha es herunter. "Außerdem habe ich so eine Art Gleichgültigkeit entwickelt. Ich stehe über den Dingen. Wenn sie mal wieder herumspinnt - soll sie doch? Dann antworte ich ihr nicht mehr in Whatsapp. Egal wie sehr sie bettelt oder sich aufregt. Sie fährt wieder weg und gibt nicht Bescheid wohin? Ok, dann rede ich nicht mehr mit ihr und mache es eben auch, mit 'nem anderen Mädel. Wenn sie sich dann aufregt, ignoriere ich sie. Sie hat es ja schließlich auch gemacht. Und so weiter. Außerdem meinte sie, dass sie sich ändern wird."

Ich frage mich, wieso man in so einer Beziehung sein wollte.

"Aber Sascha", begann ich. "Ist das wirklich eine Beziehung, die es wert ist? Willst du wirklich so leben? Es sollte doch ganz anders sein. Dass man füreinander da ist und nicht gegeneinander kämpft. Der Beziehungspartner sollte der Verbündete sein, nicht der Feind. Was gibt dir eine Beziehung, wo du absichtlich deinen Partner ignorierst, manipulierst, anschweigst. Das hat doch alles keinen Sinn. Ach ja, und ändern wird sie sich nicht. Sie ist so und hat schon gesehen, dass sie dich so behandeln und trotzdem immer wieder zu dir zurückkommen kann. Dadurch respektiert sie dich automatisch auch nicht mehr als gleichwertigen Partner. Weil...wie soll man

jemanden ernst nehmen, der so ein Verhalten toleriert, wie du es dir bieten lässt? Du hast automatisch
verloren, wenn du wieder mit ihr zusammen bist. Nur
eine Trennung wird dir helfen. Man kann auch mehrmals richtig verliebt sein, glaube sowas nicht. Dann
war nur noch nicht die Richtige dabei. Die wird aber
kommen, wenn du dich erst mal weit genug von Tany
distanziert hast."

"Naja, weißt du", winkte Sascha ab, "mir geht es
ja wie gesagt jetzt nicht schlecht damit. Ich lass es
einfach so. Es ist mir nicht so wichtig. Ich mache mir
da nicht so einen Kopf. Solange ich nicht darunter
leide, ist es doch egal, oder? Ich mach einfach so
weiter und habe meine Regeln. Wenn sie gegen die
verstößt, kriegt sie das Resultat. Und das so lange
bis sie sich ändert."

"Aber es gibt für sie kein Resultat, verstehst du?",
versuche ich zu erklären. "Womit willst du ihr dro-
hen? Dass du Schluss machst? Das habt ihr schon
zweimal und jetzt seid ihr wieder zusammen! Das
wird sie von nichts abhalten!"

Doch Sascha blieb beratungsresistent. Er spielte
dieses sinnlose Spiel weiterhin mit.

Eines Tages klagte mir Sascha mal wieder sein Leid.

"Ich hab Tany mal wieder ignoriert auf allen Plattfor-
men!" Er lachte. "Sie kann mir nur noch SMS schreiben, was sie aber bisher noch nicht gemacht hat. Sie
hat sich mal wieder falsch verhalten und jetzt ignoriere ich sie eben."

"Kannst du sie nicht einfach löschen und für immer ignorieren?", stöhnte ich. "Wenn sie eine SMS

schreibt, lösche diese am besten auch. Du musst den Kontakt abbrechen, ansonsten wird sie dich immer wieder anziehen und abstoßen. Sie schreibt dir irgendwas, worauf du anspringst. Dann, wenn sie dich soweit hat, dass du antwortest und ihr wieder Aufmerksamkeit schenkst, stößt sie dich wieder weg. Und du ignorierst sie dann wieder. Das führt doch zu nix. Ziehe den konsequenten Schlussstrich!"

"Naja, ich bin ja eigentlich schon ein Mensch, der findet, dass man, wenn etwas wirklich gesagt werden sollte, schon ansprechbar sein sollte. Also wenn sie mir etwas sagen will und das wirklich ernst meint, bin ich schon bereit, sie zu treffen und anzuhören."

"Aber wieso?" Ich verstand es nicht. "Dann wird doch alles nur immer wieder von vorne anfangen."

"Also, wenn sie mich treffen will und sich entschuldigen, dann soll sie das schon können."

Ich stöhnte, ohne es in die Sprachnachricht zu sprechen.

Es war ein hoffnungsloser Fall.

Die Wochen verstrichen.

Wie zu erwarten, kam irgendwann die Mitteilung von Sascha, dass sie sich schon wieder getrennt hatten.

An einem Samstagmorgen bekam ich schließlich eine Reihe von Sprachnachrichten von Sascha. Zwischen den Sprachnachrichten befand sich auch ein Video.

Ich spielte die erste Sprachnachricht ab.

Saschas Stimme war kaum zu verstehen. Es war eine Mischung aus Lachen, Keuchen und Wortfetzen.

"Du glaubst es nicht! Das ist so heftig! Du glaubst nicht, was sie gemacht hat! Sie ist komplett durchgedreht und hat so ein Video gemacht! Schau es dir an!"

Ich war halbwegs beruhigt, dass Sascha - was auch immer es war - es mit Humor nehmen konnte.

Ich schaute mir das Video an.

Das ganze war mit einem Videoschnittprogramm erstellt worden. Es war eine Aneinanderreihung von Szenen, die jeweils mit einer Überschrift gekennzeichnet waren. Die Überschriften bedeckten den ganzen Bildschirm, danach war jeweils eine Szene zu sehen.

"Schluss mit den Lügen!"

Die Überschrift verschwand. Man sah eine offene Tonne, in der ein Feuer brannte. Ich konnte Tanys Hände erkennen, die Fotos aus einem Fotoalbum von ihr und Sascha heraus rissen. Die Hände zerrissen die Fotos und warfen sie ins Feuer.

"Schluss mit den falschen Versprechungen!"

Wieder nahmen die Hände weitere Fotos, zerrissen sie und warfen sie ins Feuer.

Das Ganze wiederholte sich noch einige Male mit Überschriften wie "Schluss mit den falschen Hoffnungen!", "Niemals wieder!" und "Ich hasse dich!". Schließlich wurde das komplette Fotoalbum in die Tonne geworfen und verbrannte.

Ich wusste nicht, ob ich lachen oder weinen sollte.

Was hatte ich da eben gesehen? Jemand machte sich die Mühe, ein möglichst schlimmes Video zu basteln, um einen anderen Menschn zu verletzen.

Was noch dazu komplett nach hinten losgegangen war, da Sascha offensichtlich aus dem Lachen nicht mehr herauskam, wie die weiteren Sprachnachrichten zeigten.

Ich konnte nicht anders, als schließlich auch zu lachen.

Leider war das Ganze nicht so zum Lachen, da die Sache noch eine Weile weiter ging. Ich bin mir nicht mal mehr sicher, ob sie nochmal zusammen waren oder nicht. Auf jeden Fall hatten sie noch längere Zeit ein Hin- und Her, bis ich Sascha schließlich vor Wut so eine knallharte Sprachnachricht schickte, dass er mir nie wieder antwortete.

Ich sagte ihm noch einmal unverblümt all das, was ich ihm in den Jahren zuvor gesagt hatte und wie sinnlos das Ganze war. Anscheinend war es zuviel des Guten. Sascha war einfach nicht fähig zur Selbstreflektion.

Viele Menschen sind das leider auch nicht. Sie tun Dinge immer und immer wieder und denken wirklich, dass sich etwas verändern wird.

Passend hierzu ist Albert Einsteins Zitat: „Die Definition von Wahnsinn ist, immer wieder das Gleiche zu tun und andere Ergebnisse zu erwarten."

Dies tat Sascha leider in der Hoffnung, Tany wirklich verändern zu können.

Sämtliche Versuche, ihm Ratschläge zu geben, fruchteten leider nicht. Erst irgendwann vor einigen

Monaten habe ich auf Facebook gesehen, dass Sascha eine neue Freundin hat. Die hat er bis jetzt - vielleicht hat er gemerkt, dass man sich doch mehr als einmal verlieben kann?

Viele Menschen tun immer das Gleiche in Beziehungsfragen und erwarten offensichtlich andere Resultate.

Rinas Geschichte ist auch ein gutes Beispiel dafür. Wie oft riet ich ihr, an ihrem Selbstwertgefühl zu arbeiten, anstatt ständig mit jedem beim ersten Date in die Kiste zu hüpfen?

"Wenn du das alles sagst, klingt es immer so vernünftig und richtig!"

Zwei Wochen später war der nächste Kerl in der Kiste, der sich nach zwei Tagen nicht mehr meldete.

Dies ist einer der Gründe, warum ich spontan entschied, dieses Buch zu schreiben. Vielleicht, lieber Leser, sind Sie ja jemand, der fähig zu Selbstreflektion ist und dem ich somit ein wenig geholfen habe.

Ich muss an dieser Stelle noch sagen, dass offensichtlich viele diese Probleme brauchen.

Aus all diesen ignorierten Ratschlägen und dem Verhalten mancher Menschen muss ich das schließen.

Ronald hatte es bei Nadine ja sogar zugegeben, dass sie ihn seit über einem Jahr auf Trab halte mit ihrem Verhalten und ihm sonst bei anderen schnell langweilig werde.

Insbesondere Sascha scheint nicht fähig gewesen zu sein, eine normale Beziehung basierend auf gegenseitigem Respekt zu führen. Er brauchte Tany, um ein Drama von Ignoranz, Lügen und Hin- und Her zu durchleben. Eine andere Erklärung gibt es für mich nicht.

Seien Sie sich also darüber im Klaren - sollten bei Ihnen ähnliche Verhältnisse herrschen - dass Sie selbst herausfinden müssen, ob sie wirklich eine vernünftige Beziehung wollen oder ein Drama bevorzugen.

Fazit

Wie Sie vielleicht bemerkt haben, werden in diesem Buch viele Extreme behandelt.

Genau das ist der springende Punkt, denn es geht bei allem um die goldene Mitte.

Es nützt nichts, wenn Sie ein Macho sind, der bei oberflächlichen Frauen sein Glück sucht. Genauso wenig nützt es, wenn Sie ein total gegenteiliger Nice Guy sind, der jede Frau wie eine Prinzessin behandelt, seine eigenen Interessen dagegen zurückstellt und sofort "friendzoned" wird.

Das Gleiche gilt bei Gleichgültigkeit und Kontrollzwang. Sind sie gleichgültig, hat eine Beziehung keinen Sinn. Sind Sie übertrieben kontrollwütig, vertreiben Sie ihren Partner.

Zudem: Reflektieren Sie, was Sie selbst ausstrahlen oder praktizieren!

Wollen Sie eine offene Beziehung, wechselnde Partner, Lügen und alles, was dazugehört? Dann wundern Sie sich nicht, wenn Ihr Partner sich genauso verhält.

Sie können den Kontakt mit der Exfreundin nicht sein lassen? Dann wundern Sie sich nicht, wenn Ihr Partner damit Probleme hat oder selbst hinter Ihrem Rücken andere trifft.

Benutzen Sie gerne Sprüche wie "Ich muss mich selbst finden" oder "Ich zeige mich eben gerne, ich stehe zu meinem Körper"? Dann seien Sie sich im Klaren darüber, dass Sie selbst noch ein Problem mit sich haben, dass Sie erst lösen sollten.

Und so weiter.

Mein Ratschlag, wenn Sie eine tiefgehende, ernstzunehmende, langfristige, vertrauensvolle, erfüllende Beziehung suchen, lautet also zusammengefasst:

Fangen Sie bei sich an. Fragen Sie sich, ob bei Ihnen alles so ist, wie Sie es mit sich als Partner wollen würden. Wollen Sie Treue? Dann fragen Sie sich, ob Sie treu sind oder treu sein können. Und zwar 100%, nicht weniger!

Wollen Sie keine Spielchen? Dann achten Sie darauf, ob Sie selbst keine Spielchen benötigen und diese praktizieren.

Und so weiter.

Anschließend leben Sie ihr Leben. Setzen Sie ihre grundlegenden Ansprüche klar und deutlich für sich persönlich fest und akzeptieren Sie keine halben Sachen.

Mit grundlegenden Ansprüchen meine ich Werte wie Treue, Ehrlichkeit oder Aussehen und nicht, dass der Mann unbedingt ein umgedrehtes Cap tragen und Hardcore-Metal hören sollte, so wie Rina das möchte. Das Cap kann er sich schließlich immer noch umgedreht aufsetzen, wenn sonst alles passt.

Leben Sie ihr Leben, bis Sie den potentiellen Partner gefunden haben, der genauso ist, wie sie es akzeptieren können - anhand Ihrer eigenen Einstellung zu grundsätzlichen Werten sowie der Einstellung des potentiellen Partners gegenüber diesen.

Akzeptieren Sie keine Menschen, bei denen das Meiste passt, aber einzelne grundlegende Werte nicht oder nicht richtig erfüllt sind.

Wenn sich Ihnen im Liebesleben eine Gelegenheit bietet, aber Sie irgendwas daran stört und nicht richtig passt, dann sagen sie: Nein!

Seien Sie geduldig und akzeptieren Sie, zur Not auch einige Wochen, Monate oder Jahre warten zu können, wenn es sein muss.

Denn lieber haben Sie keine Probleme mit Menschen, die Sie nicht glücklich machen und irgendwann den perfekten Partner, anstatt einen Haufen verplemperter Zeit mit unglücklichen Beziehungen!

Und vielleicht dauert es dann ja plötzlich überhaupt nicht mehr lange, bis Sie genau das gefunden haben, was Sie schon immer gesucht haben!

Spruchregister

Lieber Leser, zum Abschluss dieses Buches wollte ich Ihnen noch ein kleines Schnell-Register zum Nachschlagen bieten, das die typischen Ausweich-Sprüche erläutert. Ich empfehle Ihnen, diese zu verinnerlichen, um sich für die Partnersuche zu sensibilisieren und Sprücheklopfer, Weichspüler und Charakterschwächlinge schnell zu entlarven!

Es ist kompliziert.

Die Person kann ihren Status im Liebesleben nicht klar definieren. Entweder ist sie noch in Beziehungen, oder es fällt ihr schwer, sich von vergangenen Beziehungen zu lösen. An der Sache ist überhaupt nichts kompliziert. Aber es wird kompliziert, wenn Sie sich auf diese Person einlassen, die so etwas von sich gibt!

Es ist einfach so passiert!

Ein simpler Ausweich-Spruch. Die entsprechende Person ist unfähig, selbst die Verantwortung für ihr (falsches) Handeln zu übernehmen und sucht nach anderen Begründungen (vorzugsweise Alkohol oder andere Genussmittel), um vom Wesentlichen abzulenken.

Du verstehst das nicht.

"Wieso rennst du ihm eigentlich immer noch hinterher? Er ist bereits dein Ex-Freund und er behandelt
dich nicht gut, was hält dich noch bei ihm?"
"Es...Es ist einfach seine Art. Du verstehst das
nicht."
Mein lieber Leser, hierbei handelt es sich auch um
einen Ausweich-Spruch. Er soll die eigene Unfähigkeit verschleiern, Tatsachen ins Auge zu sehen oder
von eigenen Schwächen abzulenken.
Oftmals (oder eigentlich immer) gibt es nichts, dass
nicht verstanden werden kann. In unserem Beispiel
ist es sehr verständlich, dass die Dame Abhängigkeit
mit Liebe verwechselt und einem Idioten hinterherläuft.

Ich brauche etwas Abstand / Zeit zum Nachdenken.

Die Beziehung ist leider vorbei. Machen Sie Schluss
und suchen Sie sich eine neue Beziehung. Wann hat
je Warten oder Abstand dazu geführt, dass die große
Liebe ohne Grund wieder entflammt ist?
Wie kommt irgendjemand auf die Idee zu glauben,
dass Nachdenken etwas an Gefühlen gegenüber
einer Person ändern sollte?

So etwas gibt es nicht. Entweder man liebt jemanden, oder eben nicht (mehr). Wenn Ihnen jemand erzählen will, dass er Zeit zum Nachdenken braucht, um herauszufinden, wie seine Gefühle um Sie stehen, lügt er Sie schlichtweg an.

Der genannte Satz bedeutet in Beziehungsangelegenheiten ausschließlich, dass sich einer der beiden Partner Zeit verschaffen will. Dies kann Zeit für parallele Partnersuche, Fremdgehen oder schlichtes Ausnutzen der Vorteile einer laufenden Beziehung sein.

Etwas wie "Abstand tut gut, danach versteht man sich unter Umständen wieder besser" gibt es nicht, akzeptieren Sie diese Tatsache. In dem Moment, in dem ein Partner Abstand braucht, liebt er seinen Partner nicht mehr und wird dies auch nicht mehr tun. Der einzige Grund, wieso Menschen teilweise doch wieder zusammenkommen, sind Zweckbeziehungen aufgrund von Beziehungsvorteilen, Gewohnheiten oder spezifische Ehesituationen (beispielsweise wegen Kindern).

Ich wollte dich nur schützen!

Einer meiner Favoriten, der im Buch so gar nicht vorkommt.

Dieser Satz ist der Versuch nicht nur vom eigenen falschen Handeln abzulenken, sondern sogar die angebliche selbstlose Intention zu betonen.

Dies könnte beispielsweise folgendermaßen aussehen:

"Wieso hast du mir nicht gesagt, dass du dich noch mit deinem Ex triffst?"

"Ich wollte dich nur schützen!"

Wie Sie sehen, wird hier vorgegaukelt, dass dem Betroffenen nur etwas Gutes getan wird. Er sollte nichts davon wissen, um sich nicht unnötig Sorgen zu machen. Von der Tatsache, dass gelogen und der Partner hintergangen wurde, soll hier abgelenkt werden.

Eine weitere schöne Variation, die oft vorkommt, lautet: Ich wollte dich nur vor dir selbst schützen!"

Lassen Sie sich so etwas nicht bieten!

Ich muss mich selbst finden.

Was für ein Klassiker, nicht wahr?

Es gibt nichts zu finden. Ein erwachsener Mensch, weiß wer er ist und was er will. Er muss nichts in sich suchen oder finden, zumindest nicht, was Beziehungsfragen angeht. Entweder er weiß, ob er jemanden will/liebt, oder nicht! Wenn er es nicht weiß, liebt er ihn auch nicht!

So einfach ist das.

Der Satz ist ein klares Ausweichmanöver, um den Kern eines Problems nicht ansprechen zu müssen.

Ich muss den Kopf freikriegen.

In diesem Kontext ist der Satz natürlich auf Beziehungsfragen bezogen.

Es sind andere Worte für "Ich habe keinen Bock mehr auf dich."

Unter Umständen, falls andere potentielle Geschlechtspartner beteiligt sind (wie bei Molly und ihrem Ex-Freund) ist es nicht selten die klare Ankündigung eines Betruges.

Die Phrase ist nah verwandt mit "Ich brauche Zeit zum Nachdenken" und "Ich brauche etwas Abstand".

Ich zeige mich eben gerne / Ich stehe zu meinem Körper!

Lieber Leser, eine Person, die so etwas sagt, zeigt sich nicht einfach gerne, sondern hat einen zwanghaften Drang nach Aufmerksamkeit und Egozentrik. Dies ist oft ersichtlich in Form von Blogs, Instagram- oder Facebook-Posts, Nacktfotos und anderen Medien, die mit Hashtags übersät sind und nur eine indirekte Aussage treffen: Ich bin unsicher, schwach und will Attention, um mich besser zu fühlen! Also bitte gebt sie mir!

Suchen Sie schnell das Weite! Das, was Sie alleine dieser Person an Aufmerksamkeit oder Liebe geben wollen, wird ihr nicht reichen!

Es liegt nicht an dir, es liegt an mir!

Die Beziehung ist auch hier leider vorbei. Suchen Sie eine neue Beziehung.

Die Person ist unfähig, Ihnen deutlich ins Gesicht zu sagen, dass sie kein Interesse mehr an der Fortführung der Beziehung hat. Zudem will sie unter Umständen von den Fehlern ihres betrügerischen Handelns ablenken.

Ich hasse mich selbst dafür!

Die Person versucht, ihr Gewissen reinzuwaschen, um weiterhin mit ihrem falschen Handeln fortzufahren. Die Aussage, sich selbst zu hassen, ist eine eigens eingeredete Wiedergutmachung für besagtes falsches Handeln und hilft gegen das eigene schlechte Gewissen der Person in diesem Moment.

Das ist jetzt nicht wichtig.

Zum ersten Mal ist mir dieser idiotische Satz in der Serie Lost aufgefallen. Dort wird er inflationär benutzt und man fragt sich als Zuschauer, wieso nicht in wenigen Worten die Situation erklärt werden kann, anstatt diesen unsinnigen Satz verlauten zu lassen.

Leider findet diese schreckliche Phrase auch in der Realität Anklang.

Offensichtlich soll auch er von Details ablenken, die sehr wohl relevant sind.

"Sie hat mir gestanden, dass sie mit einem anderen Typen geschrieben hat."

"Hast du denn mittlerweile aufgehört, selbst mit dieser Tamara zu schreiben?"

"Das ist jetzt nicht wichtig."

Man muss die Vergangenheit auch mal ruhen lassen.

Lieber Leser, Achtung, die Alarmglocken sollten bimmeln! Wenn Ihnen so ein Satz begegnet, suchen Sie auch lieber das Weite. Andere Formulierungen sind auch "Das ist jetzt aber schon lange her" oder "Vergangenheit ist vorbei, irgendwann ist es auch mal wieder gut" oder "Man muss irgendwann wieder nach vorne blicken".

Natürlich ist die Vergangenheit vorbei und nicht mehr Gegenwart. Doch was soll sich bloß deshalb an vergangenen Dingen geändert haben?

Nichts, genau!

Oft fiel mir auf, dass Menschen allzu gerne vergangene Missetaten wie Betrug, Lügen und Untreue unter den Teppich der vergangenen Zeit kehren.

"Er hat mich vor sieben Jahren betrogen. Es ist so viel Zeit vergangen. Irgendwann muss man die Vergangenheit auch mal ruhen lassen und nach vorne blicken."

"Er hat mich sehr verletzt, als er mich im Stich gelassen hat. Aber irgendwann ist es auch mal wieder gut, denn es ist jetzt schon lange her."

Wieso, lieber Leser, sollte es wieder gut sein, nur weil es lange her ist?

Verstehen Sie mich nicht falsch. Ich möchte mich nicht generell gegen Verzeihung aussprechen. Wenn jemand einen verzeihbaren Fehler macht und um Entschuldigung bittet, spricht nichts dagegen, diese Entschuldigung anzunehmen. Schließlich sind wir alle Menschen und jeder macht mal einen Fehler. Zum Beispiel den Hochzeitstag übersehen. Oder die Butter beim Einkaufen vergessen.

Aber einen Menschen, den man angeblich liebt, zu betrügen, ist kein Fehler! Es ist eine bewusst durchgeführte, vorsätzliche Tat und zumindest meines Erachtens unverzeihlich.

Für mich ist daran nichts lange her. Für mich ist daran nichts ohne Grund wieder gut. Es war eine niederträchtige, verletzende Tat und wird es immer bleiben. Punkt. Trennen Sie sich!

Der ist jemand!

"Der ist Youtuber und voll bekannt, der hat über 80.000 Likes auf Instagram! Der ist jemand!"

"Hey, spinnst du? Das ist der Gitarrist von Rammstein und der hat dich angelächelt!"

Wenn Sie einen Menschen so reden hören, lassen Sie schnell die Finger davon.

Es handelt sich um Menschen, die von Status-Symbolen und anderen oberflächlichen Merkmalen angetrieben sind.

Ein Mensch, der Wert darauf legt, wie viele Likes eine Person hat oder welchen Bekanntheitsgrad sie in der Gesellschaft hat, ist nicht fähig, auf tiefgehende Werte wie Treue, Ehrlichkeit und Hilfsbereitschaft einzugehen.

Einer Person, der Sie rein durch Ihren Status imponieren und anziehen, wird Sie ebenso schnell fallen lassen, wie sie gekommen ist, sofern ein anderer interessanter Status auf der Bildfläche erscheint.

Jeder ist ersetzbar.

Nach der Trennung, kurz vor meinem Auszug aus Inas Wohnung, meinte Ina zu mir: "Du weißt doch, was der Typ in dieser letzten Bachelor-Sendung so gesagt hat. Dass er findet, dass jeder ersetzbar ist. Ich stimme dieser Meinung halt vollkommen zu. Jeder ist ersetzbar. Man findet immer jemanden, der im Leben einen bestimmten Platz einnimmt. Auch der Partner, der dann für Nähe, Unternehmungen, Sex und so da ist. Und man findet wieder jemanden, der diese Dinge erfüllt."

Lieber Leser, wenn Sie einen Menschen, den sie gerade kennenlernen - oder schlimmer noch, Ihren Partner - so etwas sagen hören, seien Sie sich einer Sache bewusst: Sie sind für ihn ersetzbar. Egal, wie sehr Sie Ihn lieben, er liebt Sie nicht so. Suchen Sie das Weite.

Wollen Sie ersetzbar sein? Ich nicht.

Wenn man jemanden wirklich liebt, ist derjenige für uns absolut unersetzbar! Wir lieben diese Person für ihre Einzigartigkeit, für ihr Aussehen, für ihre Eigenheiten und so weiter und würden sie nie durch jemanden ersetzen wollen.

Derartige Aussagen sind ein Zeichen von extremer Oberflächlichkeit und Unfähigkeit zu tiefgehender Liebe. Verschwenden Sie nicht Ihre Zeit!

Wolltest du nicht schon immer etwas für eine Sache tun, die größer ist als du selbst?

Mein Lieber Leser, Sie werden merken, dass dieser Spruch so überhaupt nicht ins Schema passt, aber ich musste ihn einfach loswerden!

In unzähligen Serien wie "The 100" kam ich schon in den Genuss dieses Satzes und frage mich seither:

Geht es hier um die Körpergröße? Wenn meine Freundin kleiner ist als ich, sollte ich mir dann eine größere suchen, damit ich etwas für eine Sache tun kann, die größer ist als ich selbst?

Ironie Ende.

Natürlich weiß ich, dass damit einfach eine große Sache gemeint ist, an der viele Menschen zusammen arbeiten, um etwas Größeres für alle zu schaffen. Aber kann man das denn nicht normal formulieren?

Ich finde, es ist einfach nur ein dummer Spruch der ebenfalls mittlerweile inflationär benutzt wird. Tun Sie einfach das, was Sie für richtig halten, egal wie groß es ist!

In diesem Sinne wünsche ich Ihnen alles Gute, hoffe, Sie hatten viel Spaß mit diesem Buch und konnten die eine oder andere Erkenntnis gewinnen.

ENDE

Lieber Leser!

Vielen Dank, dass Sie Error: Beziehungsfehler gelesen haben. Ich hoffe, dass es Ihnen gut gefallen hat! Ich würde mich sehr über Ihr Feedback freuen! Teilen Sie doch Ihre Meinung über dieses Buch mit anderen und schreiben Sie eine Rezension auf der Buchseite von Error: Beziehungsfehler, beispielsweise auf Epubli, Amazon, Apple iTunes oder Google Play.
Facebook: www.facebook.com/mliebich.author